독일 현지 유학원이 알려주는

독일유학 가이드북

독일 현지 유학원이 알려주는

독일유학 가이드북

제이클래식

북트리

책을 출간하며

제이클래식은 독일 베를린에 위치한 20여 년 경력의 독일 전문 유학원입니다.

제이클래식에는 독일과 독일유학에 대한 정보가 정말 많습니다.

이제 막 독일에 관심을 가지기 시작한 어린 청소년들과 청운의 부푼 꿈을 안고 새로운 땅에서 새로운 학문을 접하려는 공부 욕심 가득한 대학생들, 다양한 경력과 스펙으로 무장하고 더욱 나은 삶을 향해 나아가려는 합리적인 직장인들, 그리고 10년 넘게 일한 안정적인 직장을 뒤로 하고 자녀유학을 위해 이민을 결심한 부모님들까지 독일을 바라보고 앞으로 나아가려는 분들을 위한 많은 정보와 노하우가 축적되어 있습니다.

이 중 이번 독일유학 가이드북에서는 독일로 출국하는 이유 중 가장 비중이 큰 대학 유학을 위주로 한 여러 입시정보와 독일출국목적과 상관없이 누구나 떠안게 될 초기 정착 과정에 대한 안내를 포괄적으로 드리고자 합니다.

제이클래식의 임직원들은 모두 독일유학파 출신들입니다.

또한 지금도 베를린에 살며 열심히 일하고 있습니다.

수십 년간 쌓아온 노하우와 개인적인 경험 그리고 현지 유학원만이 가질 수 있는 빠른 정보력이 모여 가장 정확하고 흥미로운 독일유학 안내서가 되기를 기원합니다.

도서 출판을 계획하고 실현하기까지 많은 우여곡절이 있었습니다. 이 과정에 과분한 능력을 발휘해 주신 제이클래식 김민혜 이사님을 비롯한 모든 임직원 여러분, 그리고 도움을 주신 북트리 출판사 임직원분들께 감사를 드립니다.

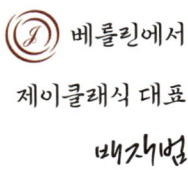

베를린에서
제이클래식 대표
배재범

목차

1. 독일과 독일유학 11

- 01 독일유학 12
- 02 면적/인구 13
- 03 역사/정치 14
- 04 경제 15
- 05 교육 17

2. 왜 독일일까? 21

- 01 무상교육 22
- 02 우수한 대학교육 23
- 03 평준화 24
- 04 낮은 진입장벽 25
- 05 글로벌한 학업 환경 26
- 06 안정적인 사회 분위기 27
- 07 긍정적인 취업전망 28

3. 무엇을 공부할까? 31

- 01 인기학과 32
- 02 이공계 유학 33
  - QS 세계대학 랭킹 33
  - CHE 독일대학 랭킹 34
  - TU9 41
  - 지원일정 및 절차 50
  - 영어로 배울 수 있는 무료 석사과정 51
  - 입학이 쉬운 유명대학 학사 및 국가고시과정 57

03	예술 유학	64
	독일 음대	64
	음악계열 주요대학	65
	음악 유학 절차	77
	독일 미대	78
	미술계열 주요 대학	79
	미술 유학 절차	92
04	문과 유학	93
	QS 세계대학 랭킹	93
	CHE 독일대학 랭킹	94
	문과계열 주요대학	98
	지원일정 및 절차	114
	영어로 배울 수 있는 무료 석사과정	115
	입학이 쉬운 유명대학 학사 및 국가고시과정	120
05	의학 및 체육계열 유학	137
	QS 세계대학 랭킹	137
	CHE 독일대학 랭킹	140
	의과, 체육학계열 주요대학	142
	지원일정 및 절차	156
	영어로 배울 수 있는 무료 석사과정	157
	입학이 쉬운 유명대학 학사 및 국가고시과정	160
06	직업 교육(아우스빌둥, Ausbildung)	163
	선호 직군	164
	진행절차 및 조건	165
	급여	167
	현실적인 조언	170

4. 지원자격, 점수 그리고 서류 177

- 01 학사 지원자격 178
  - 독일유학의 시작점-지원자격 검토하기................ 179
  - 수능성적 증명서, 꼭 필요할까? 182
  - 학사 지원자격 관련 자주 묻는 질문..................... 184
  - 학사 지원자격이 없거나 계열을 바꿀 때 해결책....... 188

- 02 석사 지원자격 191
  - 가장 기본적인 석사지원자격............................. 192
  - 석사 지원자격 관련 자주 묻는 질문..................... 196
  - 석사 지원 시 전공 바꾸는 방법.......................... 203

- 03 성적반영비율과 환산식 205

- 04 커트라인 208
  - 독일대학 커트라인의 의미............................... 209
  - 주요 학과별 커트라인.................................... 215
  - 외국인 커트라인.. 228
  - 독일에서 성적 올리는 방법............................... 238

- 05 예술전공 지원자격 241

- 06 제출서류 243

- 07 공증 244
  - 서류 공증, 어디서 해야 할까? 244
  - 독일 출국 전에 서류를 공증해야 할까?.................. 247
  - 아포스티유 249

5. 독일 체류를 위한 비자 251

- 01 비자의 이해와 종류.. 252
- 02 지역별 비자 신청방법... 256
- 03 무비자 90일.. 263
- 04 워킹홀리데이 비자 270
- 05 유학준비 비자 286
- 06 어학 비자 291
- 07 학생 비자 295
- 08 동반 비자 299
- 09 취업 비자 304
- 10 자영업 혹은 프리랜서 비자............................... 308
- 11 취업준비 비자 313
- 12 인턴십 비자 318
- 13 독일에서 비자 연장하기.................................... 321
- 14 임시 비자 324

부록 327

- 01 제이클래식 소개... 328
- 02 추천사이트... 333
- 03 장학금... 335

01

독일과 독일유학

01 독일유학

해외 유학이라고 하면 자연스럽게 미국이나 캐나다, 호주 등 영어권 국가들을 떠올리던 이전과는 달리 유학을 위한 국가로 독일이 재조명되고 있습니다. 유럽의 한가운데 위치한 독일의 지리적 특성과 함께 유럽 문화에 뿌리내린 예술과 학문적 전통을 잘 보존하고 있을 뿐 아니라 누구나 교육받을 수 있는 환경이 제도적으로 잘 갖추어져 있기 때문입니다.

독일은 예술적, 학문적 전통뿐 아니라 GDP 기준(2023년 기준) 미국과 중국에 이어 세계 3위 경제 규모를 가진 경제 대국으로 제조업, 특히 공업기술은 기술적으로나 규모에 있어서나 가장 높은 수준을 유지하고 있습니다. 한국에도 잘 알려진 자동차, 가전제품의 브랜드 이름은 다 열거하기 어려울 지경입니다. 그래서 유학을 고민하며 유럽을 생각한다면 전통과 제도가 잘 갖춰져 있고 안정적인 경제 상황을 유지하고 있는 독일을 떠올리는 것이 어찌 보면 자연스러울 수 있습니다.

독일은 이미 오래전부터 클래식 음악과 기초 학문을 연구하기 좋은 토대를 갖추고 있어서 전통적인 의미의 인문학이나 자연과학 전공자가 석사/박사 과정과 같은 심화 과정을 위해 유학길에 오르는 경우가 많았습니다.

하지만 현재는 더욱 다양한 학문과 분야, 예술의 장르를 넘나들며 새로운 융합학문 분야를 창조하고 활발하게 발전시키고 있습니다. 그래서 예술 대학에서부터 경영, IT 지원자에 이르기까지 이전보다 훨씬 다양해지고 세분화 되고 있는 추세입니다. 또한 정규 대학 유학 뿐 아니라 직업교육(Ausbildung)이나 취업, 이민, 조기유학 등으로 출국목적도 다양해지고 있습니다.

02 면적/인구

독일 면적은 약 357,000km²로 남한 면적(약 100,000km²)의 3배 크기이며 인구는 2021년 기준 8,300만 명으로 유럽에서 가장 많습니다. 16개로 구성 된 연방 주(Bundesland) 중 수도인 베를린은 인구 밀도가 4,100명/km²로 가장 높지만 서울(약 15,700명/km²)에 비하면 아직까지는 한산한 수준입니다.

여성 한 명당 1.59명의 낮은 출산율에도 불구하고(2020년 기준, 한국은 1.11명) 전 세계에서 유입되는 유학생과 다른 EU국가 출신 노동자, 난민이나 이민자들로 인해 독일 인구는 꾸준히 증가하고 있습니다.

이와 함께 독일 대학생 수도 꾸준히 증가하는 추세입니다. 독일 연방 통계청에 따르면 2006/2007년 겨울학기 독일 전체 대학생 수는 약 197만 9천 명에서 2016/2017년 약 280만 7천 명으로 약 42%나 증가했으며 이와 함께 외국인 유학생의 수 역시 24만 6천 명에서 35만 8천 명으로 약 46% 증가했습니다. 2020/21년 겨울학기 대학생 수는 약 294만 명, 외국인 유학생 수는 약 41만 명입니다.

아시아 국가 중 한국은 2016년 겨울학기 기준으로 중국, 인도, 이란 다음으로 유학생 비중이 높은 국가입니다. (중국: 약 37,600명/인도: 약15,500명 / 이란: 약 8,200명 / 베트남, 한국: 약 6,500명) 이 수치는 공식적으로 등록된 대학생 숫자이기 때문에 현재 대학 지원을 준비하여 어학 중이거나 교환학생, 아우스빌둥을 하는 인원까지 포함하면 독일에 체류 중인 유학생 더 많을 것으로 예상됩니다.

03 역사/정치

　기원전으로 거슬러 올라가는 게르만족의 역사는 곧 유럽의 역사라고 해도 과언이 아닐 정도로 독일 역사는 유럽 주변국 역사와 깊은 관계가 있습니다. 역사 수업 시간에 한 번쯤 들어봤을 신성로마제국, 십자군 전쟁, 30년 전쟁과 베스트팔렌 조약, 프로이센 왕국, 베르사유 조약 등 굵직한 역사적 사건은 항상 독일, 또는 독일의 전신이라 할 수 있는 국가/연합과 관련된 일들입니다. 예를 들어 마르틴루터의 종교개혁(1517)이나 1차, 2차 세계대전(1914-1918, 1939-1945), 45년간의 분단의 역사를 딛고 베를린 장벽을 무너트리며 이룩한 독일의 통일(1990). 아흔이 넘은 노인을 법정에 세우면서까지 전범국으로서의 책임감을 가지고 유럽연합의 가장 비중 있는 회원국으로서 전 세계에 영향력을 미치는 독일의 역사는 비교적 우리에게도 잘 알려져 있습니다.

　독일은 독일연방공화국(Bundesrepublik Deutschland)이라는 이름에서 알 수 있듯이 미국, 스위스 등과 더불어 연방제를 채택하고 있는 국가로 중앙 정부와 지방정부가 권력을 수평적으로 나누어 가지고 있습니다. 독일의 연방정부 및 주정부는 모두 내각제로 운영되고 있습니다. 우리에게는 앙겔라 메르켈(Angela Merkel)이 훨씬 더 친숙하게 느껴질 수 있지만 메르켈 총리는 2005년부터 2021년까지 재임한 독일연방정부의 전 수상이며 독일 연방 대통령은 2017년 연방총회에서 선출된 프랑크발터 슈타인마이어(Frank-Walter Steinmeier)입니다.

　독일의 주요 정당으로는 기독교민주연합(CDU), 사회민주당(SPD), 녹색당(Grüne), 자유민주당(FDP) 등이 있으며, 2022년 현재 중앙 정부는 SPD, Grüne, FDP 연립정부로 구성되어 있습니다.

04 경제

독일의 GDP 순위는 미국, 중국, 일본에 이어 세계 4위이며, 유럽연합 GDP의 약 25%를 차지하는 경제 대국입니다. 2010~2019년까지 실질 경제성장률은 연평균 2.0%였으나, 2020년 코로나19로 인한 전 세계적 경제침체로 인해 -4.9% 성장률을 기록했다가, 2021년 2.8%로 평균 수치를 회복하였습니다. 실업률은 2005년 11.7%에서 점차 하락세를 보이며 2019년에는 5.0% 수준까지 떨어졌다가 2020년에 코로나19의 영향으로 5.9%로 다소 상승하였습니다.

독일의 최대 산업분야는 자동차, 전기·전자, 기계, 화학 등이며, 전체산업에서 제조업이 차지하는 비중이 25%로서 여타 선진국에 비해 높은 수준입니다. 2000년대 초반 경기 침체과정에서 지속적인 구조개혁의 노력으로 대외경쟁력을 유지하였습니다. 독일의 대기업으로는 포르쉐, 아우디, MAN 등을 거느린 폴크스바겐 그룹, 메르세데스-벤츠를 생산하는 다임러 AG, BMW그룹 등 자동차관련 대기업들과 밀레, 지멘스, 보쉬, 오스람 등 기계 분야 기업, 도이체방크, 알리안츠, 코메르츠방크 등 금융기업, 아디다스, 푸마, 휴고 보스 등 패션기업, 바스프, 바이엘 등 화학/제약회사, SAP와 같은 IT기업 등이 있습니다.

또한 2015년 기준으로 약 350만여 개의 중소기업들이 수공업, 제조업, 도·소매, 관광 등 제반 분야에서 활동 중입니다. 이는 전체 기업 수의 99.6%, 전체 고용시장의 65% 및 전체 기업 매출의 32%를 차지하는 등 독일 경제의 근간을 차지하고 있습니다. 이들 중소기업 중 다수는 특정 부문에 특화하여 높은 기술 수준을 바탕으로 세계 시장에서 점유율 1위를 기록하는 등 탁월할 실적을 보이고 있습니다. 특히 의료기술, 레이저기술, 소프트웨어, 기계제작 등 하이테크 기술 분야에서 세계시장을 선도하는 중소기업들이 다수 존재합니다.

2011년에는 인더스트리 4.0을 발표하며, 제조업과 같은 전통 산업에 IT 시스템을 결합하여 제조업의 체질 개선으로 새로운 세계 경제 주도권을 이어가고 있습니다.

2021년에는 수출 및 제조업 중심의 독일 경제가 에너지 가격 상승과 부품 및 노동력의 부족, 글로벌 공급망 문제 등으로 인해 최근 들어 애를 먹고 있다는 분석도 있었지만, 다른 유럽국가들에 비해 상대적으로 경기 침체의 폭이 작아 기저효과가 상대적으로 크지 않았던 탓이라는 의견도 있으며, 코로나 상황이 점차 나아지고 있고 정부와 기업이 함께 이끌어가는 저탄소, 친환경 전략이 탄력을 받으며 독일산업 생태계도 점차 변화하고 있다는 긍정적인 평가도 함께 받고 있습니다.

05 교육

독일의 초중등 교육과정(초등~고등학교)은 12년제 혹은 13년제이며, 고등교육(대학 교육)은 학사 3~4년, 석사 1~2년, 박사 3년으로 EU 외 국적자의 경우 학생비자가 최대 10년까지 나오기 때문에 주의해야 합니다. 의무 교육기간은 최소 9년이며, 5개 주에서는 10년입니다.

예전에는 초중등학교는 반일제 수업을 많이 했지만, 2020년 기준 전체 학교의 67.5%가 전일제 수업을 진행하고 있으며, 2025년부터 모든 초등학생의 전일제 교육이 의무화됩니다.

독일의 교육제도를 전체적으로 정리하면 아래와 같습니다.

1. 유치원(3년, 만 3세~5세)

2. 초등학교(4년, 만 6세~9세/ 1학년~4학년)

3. 중고등학교

    1) 대학입학을 목표로 할 경우: 김나지움(8년 혹은 9년 10세~18세 혹은 19세/ 5학년~12학년 혹은 13학년)[1]

---

1) 김나지움은 김나지움과 김나지움 상급과정으로 나뉘는데, 상급과정은 9학년 혹은 10학년을 마치고 진학하게 됩니다. 2012년부터 12학년 김나지움이 13학년 김나지움보다 많아졌고, 12년제로 바꾸었다가 다시 13년제로 돌아가거나 두 개 중 하나를 선택하게 하는 학교도 생겼습니다. 12학년을 이수하고 아비투어 시험을 합격하면 "일반적인 학사지원자격"을 취득하게 됩니다. 김나지움 상급단계(10학년~12학년)는 김나지움 저학년(5학년~9학년)과 함께 운영되거나 별개의 독립 학교로 운영되기도 합니다.

2) 직업교육을 목표로 할 경우: 하우프트슐레(5년 혹은 6년, 만 10세~15세 혹은 16세/ 5학년~9학년 혹은 10학년), 레알슐레(6년, 만 10세~16세/ 5학년~10학년)[2] 졸업 후 바로 전업으로 취업 혹은 직업학교(3년, 만 15세~18세/ 10학년~12학년)와 병행하면서 기업체 근무
3) 게잠트슐레: 위 가번과 나번이 너무 어린 나이에 학생들의 진로를 결정한다는 비판 때문에 생겨났으며 5~10학년으로 구성됩니다.

4. 대학교(만 19세~)
   1) 학사: 정규학기 3년~4년[3]
   2) 석사: 정규학기는 주로 2년이지만 경우에 따라 1년, 1.5년인 경우도 있음.
   3) 박사: 정규학기 3년

---

2) 레알슐레는 하우프트슐레와 김나지움의 중간 수준 학교이며, 심화 직업교육을 하는 전문계 학교로서 졸업 후에는 직업전문학교나 전문상급학교에서 학업을 계속할 수 있습니다. 2013년 8학년(한국으로 치면 중2) 기준, 학교별 학생비율을 보면 하우프트슐레 13.9%, 레알슐레 22.8%, 김나지움 36.1%, 게잠트슐레 13%, 기타 9.0%, 특수교육 4.4% 등으로 한국에 비해 대학 입학을 목표로 하는 인문계고등학교의 비율이 훨씬 낮은 편입니다.
3) 의학계열 및 법학의 경우 학석사 통합과정인 Staatsexamen(국가고시) 과정으로 4년~6년 과정입니다.

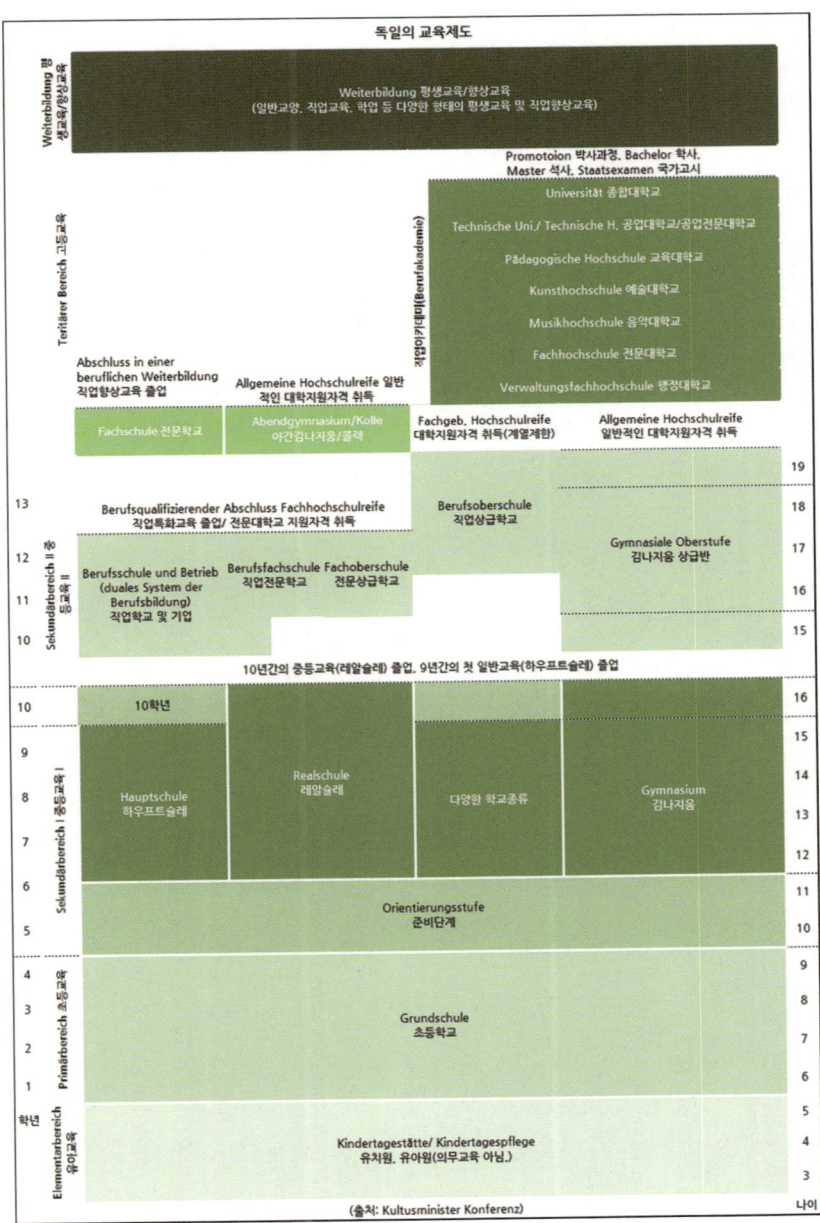

02

왜 독일일까?

01 무상교육

독일은 미국, 영국, 호주, 프랑스 다음으로 전 세계에서 5번째로 외국인 유학생들이 많은 찾는 국가이며, 한국 유학생이 미국, 중국, 호주, 일본, 캐나다 다음으로 6번째로 유학을 많이 가는 나라입니다.

독일유학의 가장 큰 장점은 외국인에게도 평등한 독일 공립대의 무상교육입니다. 자국민에게 대학교육을 무상으로 시키는 유럽 국가들은 있지만, 외국인도 평등하게 무상교육이 가능한 국가는 2022년 기준 독일과 노르웨이 뿐입니다.

독일 공립대 숫자는 전체의 60% 수준으로 약 280여 개 정도입니다. 이 중 바덴뷔르템베르크 주[4]에 위치한 48개 대학을 제외한 230여 개의 공립대학들이 대부분 무상교육정책을 유지하고 있습니다.

독일 공립대가 무상교육제도를 도입한 것은 1970/71년 겨울학기부터입니다. 이 제도는 1971년에 처음 도입된 BAföG[5]과 마찬가지로 학업에 방해가 될 수 있는 장애물을 제거하려는 일련의 정치적, 사회적 의도를 바탕으로 합니다. 이러한 정책은 2020/21년도 겨울학기 기준 전체 학생의 14.1%를 차지하는 외국인 학생들에게도 대부분 공통으로 적용되며, 차별을 두지 않습니다.

---

4) 카를스루에, 프라이부르크, 하이델베르크 등 도시들이 속한 주이며, 2016년부터 EU 외 국민에 한해 학기당 1,500유로(한화로 약 2백만원)의 등록금을 받습니다.
5) 연방교육세법(Bundesausbildungsförderungsgesetz)의 줄임말. 누구나 사회적, 경제적 상황에 상관없이 능력과 이해에 맞는 교육을 받을 수 있도록 하는 제도. 소득과 자산, 가족관계에 따라 지원 여부 및 액수가 정해지며, 50%의 보조금과 50%의 무이자 국가 대출 형태로 구성됩니다.

02 우수한 대학교육

흔히 일컫는 세계대학 3대 랭킹(QS, ARWU, THE) 상위권에 이름을 올리는 독일대학은 그리 많지 않지만, 독일대학의 우수성을 모르는 사람들은 별로 없을 것입니다. 기계, 전자, IT, 제약 분야의 앞선 기술력의 토대를 만들어내고 각종 노벨상을 휩쓴 오랜 역사의 기초과학이 포진된 유명 공대들과 다양한 학과, 높은 명성의 학자들을 배출한 인문·사회·경상계열 학과들, 심리학, 법학, 의학, 그리고 근대학문 및 대학시스템 자체를 만들어낸 독일대학의 우수성에 대해서는 사실 두말할 필요가 없을 것입니다. 21세기 들어서는 유럽연합의 볼로냐 프로세스[6]에 따라 교육 분야에 전반적인 구조조정이 불가피해졌고, 이와 더불어 무상교육제도 및 평준화 정책으로 인해 대학들의 연구 환경이 나빠지고 국제 경쟁력에서 밀려나게 된다는 주장이 힘을 얻으면서 학부과정 도입, 등록금 도입[7], 엘리트대학 육성정책 등이 뒤따랐습니다.

이 중 엘리트대학 육성정책은 평준화된 독일대학에 균열을 낸다는 비판도 있지만, 대학의 연구 실적을 향상시켰다는 긍정적인 효과가 인정되어 1기~2기를 거쳐 현재 3기까지 선정이 되었고, 3기에 선정된 총 11개 엘리트대학[8]에는 2019년부터 2026년까지 7년간 매년 1,000만~1,500만 유로의 재정이 지원됩니다.

---

6) 유럽 국가간 학생 및 노동력 이동성을 고취하고 국제 경쟁력을 제고할 목적으로 1999년에 시작된 유럽 고등교육 개혁프로그램으로 독일, 프랑스, 영국 등 29개 유럽 국가들이 참여하여 학위과정, 점수체계 등을 표준화하였습니다.
7) 2005년부터 학기당 500유로(한화로 약 70만원) 수준의 대학등록금이 부과되었다가 사회적 반발이 심해 2014년에 폐지되었습니다.
8) 아헨 공대, 베를린 3개 대학 연합체(베를린 자유대학, 훔볼트 대학, 베를린 공대), 본 종합대, 드레스덴 공대, 함부르크 종합대, 하이델베르크 종합대, 칼스루에 공대, 콘스탄츠 종합대, 뮌헨 종합대, 뮌헨 공대, 튀빙엔 종합대 (알파벳순)

03 평준화

　대학의 약 60%가 공립대학인 독일 대학들은 대체로 평준화되어 있습니다. 평준화로 인해 경쟁이 없고, 결과적으로 세계 경쟁력이 떨어진다는 비판도 있지만, 경쟁이 오히려 우수한 교육의 걸림돌이라는 의견도 많아서 논란의 여지는 있습니다.

　다만 교육의 기회균등과 평준화 정책으로 인해 독일대학 입학전형은 대체로 단순하고 비슷하며, 입학도 매우 쉬운 편이어서 유학생들에게도 큰 장점이라 하겠습니다. 물론 인원제한을 하는 경우라면 성적에 따라 입학이 불가능할 수도 있겠지만, 유사 전공 중에 인원제한을 하지 않는 다른 대학을 찾는 것은 대부분 그리 어려운 일이 아닙니다.

04 낮은 진입장벽

2022년 3월 15일 독일대학 학사지원자격이 크게 바뀌어 수능성적만으로 독일대학 학사유학이 가능해졌습니다. 단 한 번의 시험만으로 유학이 가능한 경우는 전 세계적으로 유례가 드물며, 이는 한국 수능 시험에 대한 높은 평가로 이해할 수 있습니다.

독일 대학에 개설된 2만2천여 개의 과정 중 약 60%에 달하는 1만3천여 개의 과정이 인원 제한을 하지 않기 때문에 입학이 매우 쉬운 편입니다. 흔히 유명 대학, 순위가 높은 대학들은 한국이나 미국처럼 입학이 매우 어렵거나 성적이 특히 좋아야 한다고 생각하지만, 이런 대학들도 인원 제한을 하지 않는 학과라면 입학이 전혀 어렵지 않습니다.

예를 들어 한국 유학생들이 많이 얘기하는 아헨공대가 위치한 아헨 지역의 경우 2022/23 겨울학기 기준 인원 제한 학과의 비율이 고작 25%였고, 의학, 법학으로 유명한 하이델베르크는 41%였습니다. 뮌헨 공대, 뮌헨 종합대 등이 위치한 뮌헨지역의 경우는 이보다는 좀 높아서 52% 수준입니다. 그래도 절반 이상의 학과가 인원 제한이 없어서 이런 학과들은 입학이 비교적 쉬운 편입니다.

한국으로 치면 전공에 따라 서울대만큼이나 유명한 학교들이 의외로 인원 제한을 하지 않아 커트라인도 없는 경우가 많다는 것이 독일 대학들의 특징입니다. 즉, 독일 대학은 일반적으로 입학이 쉬운 경우가 많고, 입학이 쉽다고 해서 수준이 낮거나 안 좋은 학교라는 인식도 전혀 없습니다.

05 글로벌한 학업 환경

독일에는 100% 영어로만 수업이 진행되는 1천5백여 개의 석사학위과정이 있습니다. 이는 독일어로 진행되는 9천여 개 석사과정의 17% 수준으로 전체적으로 보면 적은 비중이지만, 공학, 경영계열로 빠르게 진학하고자 하는 외국인 학생들에게는 결코 적은 숫자가 아닙니다. 이에 반해 영어로만 수업하는 학사과정은 석사의 3분의 1 수준인 3백여 개에 불과하며, 선택 가능한 대학 및 전공도 훨씬 더 제한적입니다.

모든 대학은 인터내셔널 오피스의 멘토프로그램을 통해 외국인 학생의 독일 및 학교 적응을 돕고 있으며, 외국인 신입생을 위해 입학 전후에 예비학기 혹은 예비수업을 제공하는 대학들도 많습니다.

독일에는 약 4십만 명의 외국인 대학생들이 있으며, 이는 전체의 14% 수준에 달합니다. 독일은 미국, 영국, 호주, 프랑스 다음으로 외국 유학생이 많은 나라입니다.

06 안정적인 사회 분위기

국제투명성기구가 1995년부터 매년 발표하는 180개 국가 및 지역의 전문가와 기업인이 인식한 공공 부문 부패 수준인 "부패인식지수" 통계에서 독일은 총 180개 국가 중 깨끗한 나라 10위권에 꾸준히 이름을 올릴 정도로 인권과 민주주의가 발달한 나라입니다. 합리적인 독일식 정당명부제로 인해 CDU, SPD 등 양대 정당들조차도 연방의회의 과반의석을 차지하기 힘들지만, 독일 고유의 연정문화로 안정적인 정치문화를 이어오고 있습니다.

경제적으로는 정책 결정과 집행과정에서 높은 수준의 투명성과 합리성 담보를 강조하는 사회적 시장경제 원칙을 꾸준히 유지하고 있으며, 1990년대 경기침체와 2008년 금융위기 역시 정부 주도적인 경기부양책으로 상대적으로 타격을 적게 받은 국가로 호평받으며 경제위기에 강한 국가로 인정받았습니다.

2000년~2020년까지 연평균 1.4%의 낮은 물가 상승률을 보이며, 저렴한 부동산가격과 안정적인 마트 물가로 유학생들이 살기에도 좋은 환경을 제공하였습니다. 다만 최근에는 코로나 19와 러시아-우크라이나 전쟁으로 인해 2021년도 연평 물가상승률이 3.1%로 뛰었고, 2022년 3월에는 반세기 만에 최고치의 상승률(7.3%)을 기록하면서 새로운 위기에 직면하였습니다.

치안 면에서는 시기별로 테러공포 확산, 난민유입에 따른 외국인범죄 증가, 외국인 혐오 범죄 증가 등이 문제가 되기도 하지만 범죄율로 본 독일의 치안 상황은 대체로 한국과 비슷한 편입니다. 유럽 국가 중에서는 2021년 기준 41개국 중 21번째로 안전한 나라이며, 이는 그리스, 벨기에, 이탈리아, 영국, 스웨덴, 프랑스보다 높은 수치입니다.

07 긍정적인 취업전망

독일은 미국 다음으로 이민자 인구가 많은 나라이며, 전체 인구 중 이민자가 차지하는 비율은 2019년 기준 15.7%입니다. 지속적인 인구 감소와 전문인력 부족 현상으로 인해 해외 전문인력의 취업 체류를 쉽게 하도록 2005년도에 이민법을 개정하였고, 그간 기계와 IT 분야로만 제한되던 독일인 우선고용원칙 면제 분야가 2020년부터는 제한 없이 모든 분야로 확대하였습니다.

비록 외국인 고용율이 독일인에 비해 많이 떨어지는 것은 사실이지만, 대학을 졸업한 고급인력에 대해서는 새로운 이민법에 의거, 18개월의 취업준비 비자를 주고 모든 분야에서 독일인과 평등하게 경쟁할 수 있는 기회를 주는 것입니다.

특히 다른 나라들과 마찬가지로 공학 계열 졸업자들의 취업전망은 밝은 편입니다. 독일의 실업률은 2019년 기준 5%이며, 청년실업률은 4.5%입니다.

# 03

무엇을 공부할까?

01 인기학과

독일 학생들이 가장 많이 찾는 학과 목록입니다.

학과명

1. 경영학 (Betriebswirtschaftslehre, 약칭 BWL)
2. 사회복지학 (Soziale Arbeit)
3. 법학 (Rechntswissenschaft)
4. 의학 (Medizin)
5. 심리학 (Psychologie)
6. 산업공학 (Wirtschaftsingenieurwesen)
7. 독일어 (Deutsch)
8. 생물학 (Biologie)
9. 수학 (Mathematik)
10. 경제학 (Wirtschaftswissenschaft)
11. 건축학 (Architektur)
12. 기계공학 (Maschinenbau)
13. 경영정보학 (Wirtschaftsinformatik)
14. 영어 (Englisch)
15. 건축공학 (Bauingenieurwesen)
16. 독문학 (Germanistik)
17. 관광경영 (Tourismusmanagement)
18. 역사학 (Geschichte)
19. 교육학 (Erziehungswissenschaft)
20. 컴퓨터공학 (Informatik

(출처 studycheck.de, 2022년도 기준)

02 이공계 유학

이공계 유학 목차

QS 세계대학 랭킹	33
CHE 독일대학 랭킹	34
TU9	41
지원일정 및 절차	50
영어로 배울 수 있는 무료 석사과정	51
입학이 쉬운 유명공대 학사 및 국가고시과정	57

QS 세계대학 랭킹(2022년)

이공계로 유명한 종합대도 많지만, 여기에서는 공대만 선별하였습니다.

뮌헨 공대 TU München	50위
카를스루에 공대 KIT	136위
베를린 공대 TU Berlin	159위
아헨공대 RWTH Aachen	165위
드레스덴 공대 TU Dresden	194위

CHE 독일대학 랭킹 (2022년)

12만여 명의 재학생과 3천여 명의 강사진 대상 설문을 통해 집계되었으며, 전반적인 학업환경, 학생들 케어수준, 실습환경, 졸업까지 걸리는 시간, 커리큘럼의 실용성, 연구비와 연구명성 등에서 좋은 평가를 받은 추천대학들입니다.

건축학

- RWTH Aachen, Alanus HS/Alfter (priv.)
- Uni Hannover
- Karlsruher Inst. f. Technologie KIT
- Uni Stuttgart, Uni Weimar

건축공학

- TU Dresden
- Karlsruher Inst. f. Technologie KIT
- Jade HS/Oldenburg
- TH Mittelhessen
- HFT Stuttgart

경영정보학

- Uni Augsburg
- Uni Bamberg
- Frankfurt School (priv.)
- TU München
- Uni Duisburg-Essen
- Uni Paderborn
- HAW Augsburg
- HS Furtwangen
- FH Münster
- HS Ravensburg-Weingarten
- OTH Regensburg
- HS RheinMain
- HWR Berlin
- HS Pforzheim

기계공학

- Karlsruher Inst. f. Technologie KIT
- TU München/Garching
- FH Bielefeld
- HS Esslingen
- HS Pforzheim
- OTH Regensburg
- HS Reutlingen

메카트로닉스

- Karlsruher Inst. f. Technologie KIT

물리학

- TU Dortmund
- Uni Erlangen-Nürnberg
- Uni Heidelberg
- Uni Jena
- TU Kaiserslautern
- Uni Konstanz
- Uni Potsdam
- Uni Rostock

산업공학

- Uni Augsburg
- Uni Bayreuth
- TU Dresden
- Karlsruher Inst. f. Technologie KIT
- TU Hamburg
- TU Ilmenau
- HS Aalen
- HS Albs.-Sig./Albstadt
- FH Bielefeld
- HS Furtwangen

- Jade HS/Elsfleth
- Jade HS/Oldenburg
- HS Pforzheim
- HS Reutlingen
- HTW des Saarlandes
- FH Südwestf./Meschede
- HM München

생명공학

- Uni Hohenheim
- HS Albs.-Sig.
- HS Esslingen

생물학

- TU Braunschweig
- Jacobs Univ. Bremen (priv.)
- Uni Greifswald
- TU Kaiserslautern
- Uni Konstanz
- LMU München
- Uni des Saarlandes

생화학

- Uni Bielefeld

- Jacobs Univ. Bremen (priv.)
- Uni Frankfurt a.M.
- TU München

수학

- Uni Bonn
- TU Chemnitz
- TU Kaiserslautern
- Uni Magdeburg
- TU München
- Uni Regensburg

전자공학 및 정보통신공학

- FH Aachen
- HAW Landshut
- HS Mannheim
- HS Offenburg
- SRH HS Heidelberg (priv.)

재료공학

- TU Bergakademie Freiberg
- Uni Jena

지질학

- Uni Bayreuth

컴퓨터공학

- RWTH Aachen
- TU Kaiserslautern
- TU München
- Uni Paderborn
- Uni Potsdam/Hasso-Plattner-Inst.
- FH Aachen
- HAW Augsburg
- FHDW Hannover(priv.)
- HS Pforzheim
- OTH Regensburg
- FH Dortmund

화공학/응용화학

- TU Dortmund
- TU Bergakademie Freiberg
- HS Esslingen
- HS Fresenius/Idstein (priv.)
- HAW Hamburg
- HTWG Konstanz

화학

- RWTH Aachen
- TU Darmstadt
- TU Dortmund
- Uni Duisburg-Essen
- Uni Gießen
- Uni Halle-Wittenberg
- TU Kaiserslautern
- Uni Konstanz
- Uni Leipzig
- LMU München
- TU München
- Uni Paderborn

환경공학

좋은 성적을 받은 학교가 없음.

TU9

TU9은 독일의 9개 주요 공과 대학을 뜻하며, 아래 대학들이 이에 속합니다.

아헨 공대 RWTH Aachen

학교명	Rheinisch-Westfälische Technische Hochschule Aachen
홈페이지	http://www.rwth-aachen.de
주명	Nordrhein-Westfalen
도시명	Aachen
학생수	47,511명
외국인 학생	28.2%
설립년도	1870년
등록금	무료
랭킹[9]	8위
엘리트대학[10]	예
주요학과	컴퓨터공학, 화학, 기계공학, 광산공학, 재료공학, 전자공학, 물리학 등
과정수	학사 64개, 석사 104개

---

9) 2022년 QS 세계대학랭킹 중 독일대학만 추린 순위입니다.
10) 2019년 선정 기준. 아헨 공대, 베를린 3개 대학 연합체(베를린 자유대학, 훔볼트 대학, 베를린 공대), 본 종합대, 드레스덴 공대, 함부르크 종합대, 하이델베르크 종합대, 칼스루에 공대, 콘스탄츠 종합대, 뮌헨 종합대, 뮌헨 공대, 튀빙엔 종합대 (알파벳순)

 베를린 공대 TU Berlin

학교명	Technische Universität Berlin
홈페이지	https://www.tu.berlin/
주명	Berlin
도시명	Berlin
학생수	34,224 명
외국인 학생	27.7%
설립년도	1879년
등록금	무료
랭킹	7위
엘리트대학	예
주요학과	산업공학, 기계공학, 건축공학, 컴퓨터공학, 건축학 등
과정수	학사 44개, 석사 94개

 브라운슈바이크 공대 TU Braunschweig

학교명	Technische Universität Carolo-Wilhelmina zu Braunschweig
홈페이지	https://www.tu-braunschweig.de/
주명	Niedersachsen
도시명	Braunschweig
학생수	17,709 명
외국인 학생	18.7%
설립년도	1745년
등록금	무료
랭킹	34위
엘리트대학	아니오
주요학과	생물학, 건축학, 생명공학, 건축공학, 기계공학, 독문학, 심리학, 약학 등
과정수	학사 45개, 석사 49개

다름슈타트 공대 TU Darmstadt

학교명	Technische Universität Darmstadt
홈페이지	http://www.tu-darmstadt.de
주명	Hessen
도시명	Darmstadt
학생수	24,969명
외국인 학생	21.9%
설립년도	1877년
등록금	무료
랭킹	14위
엘리트대학	아니오
주요학과	생물학, 건축공학, 기계공학, 건축학, 컴퓨터공학, 화학 등.
과정수	학사 57개, 석사 65개

 드레스덴 공대 TU Dresden

학교명	Technische Universität Dresden
홈페이지	http://tu-dresden.de
주명	Sachsen
도시명	Dresden
학생수	28,918 명
외국인 학생	17.4%
설립년도	1828년
등록금	무료
랭킹	11위
엘리트대학	예
주요학과	산업공학, 심리학, 분자생물학 및 생명공학, 건축공학, 의학 등
과정수	학사 40개, 석사 65개

 # 하노버 종합대 Uni Hannover

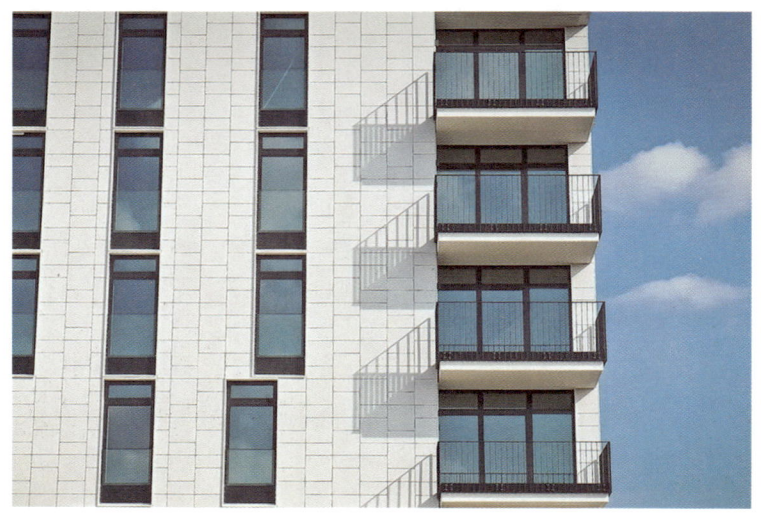

학교명	Gottfried Wilhelm Leibniz Universität Hannover
홈페이지	http://www.uni-hannover.de
주명	Niedersachsen
도시명	Hannover
학생수	28,935 명
외국인 학생	17.7%
설립년도	1831년
등록금	무료
랭킹	37위
엘리트대학	아니오
주요학과	특수교육학, 컴퓨터공학, 건축학, 조경 및 도시계획학, 건축 및 환경공학 등
과정수	학사 74개, 석사 81개

카를스루에 공대 KIT

학교명	Karlsruher Institut für Technologie
홈페이지	http://www.kit.edu
주명	Baden-Württemberg
도시명	Karlsruhe
학생수	21,850명
외국인 학생	20.2%
설립년도	2009년
등록금	1,500유로/학기
랭킹	2위
엘리트대학	예
주요학과	기계공학, 산업공학, 건축학, 화공학, 재료공학, 메카트로닉스, 전자공학 및 정보통신공학 등
과정수	학사 53개, 석사 65개

  뮌헨 공대 TU München

학교명	Technische Universität München
홈페이지	http://www.tum.de
주명	Bayern
도시명	München
학생수	47,047명
외국인 학생	38.1%
설립년도	1868년
등록금	무료
랭킹	1위
엘리트대학	예
주요학과	조경공학, 전자공학 및 정보통신공학, 기계공학, 건축학, 경영정보학, 경영학, 생화학, 수학, 의학, 정치학/사회학, 컴퓨터공학, 화학
과정수	학사 51개, 석사 104개

Universität Stuttgart 슈투트가르트 종합대 Uni Stuttgart

학교명	Universität Stuttgart
홈페이지	http://www.uni-stuttgart.de
주명	Baden-Württemberg
도시명	Stuttgart
학생수	22,616명
외국인 학생	22.2%
설립년도	1829년
등록금	1,500유로/학기
랭킹	20위
엘리트대학	아니오
주요학과	공학경영, 건축학과 도시계획, 항공 및 우주공학, 부동산기술 및 경영, 건축공학, 경영학, 기계공학 등
과정수	학사 64개, 석사 75개

지원일정 및 절차

TIMELINE

2~3월	4월	5~7월	8~9월	10월	10~1월
여름학기 합격자 발표	여름학기 시작	겨울학기 원서접수	겨울학기 합격자 발표	겨울학기 시작	여름학기 원서접수

　독일대학들은 보통 1년에 한 번, 10월에 개강합니다. 지원일정은 경우마다 다르지만 5월~7월 중순쯤에 마감되는 경우가 많습니다. 10월에 개강하는 학기는 겨울학기라고 불리우며, 한국으로 치면 3월에 개강하는 것과 동일합니다. 간혹 4월에 여름학기가 개강하는 경우도 있습니다. 지원일정은 경우마다 다르지만 10월~1월 중순쯤에 마감되는 경우가 많은 편입니다. 수업언어가 독일어일 경우 흔히 독일에서 1~2년간의 독일어 연수를 선행한 후 대학에 입학하고, 수업언어가 영어일 경우 한국에서 대학입학허가서를 취득한 후 독일로 출국하는 편입니다. 수업언어가 독일어일 경우 대학부설어학원으로 먼저 지원하는 경우가 있는데, 어학 후에 최종 지원할 학과가 인원제한을 하지 않는다면, 대학부설어학원을 마치고 특별한 어려움 없이 학과로 바로 입학하는 것도 가능합니다. 다만, 이는 후술할 "독일대학 학석사 지원자격"이 충족된 경우라면 해당 대학의 부설어학원을 다니지 않았더라도 똑같이 적용되는 조건이라서 굳이 대학부설어학원을 다닐 이유가 되지는 않습니다. 즉, 대학부설어학원을 다니든 다니지 않든 학과 입학조건은 동일하므로 어학원 자체의 장단점을 비교하여 지원하면 됩니다. 최근 수십 년간 독일대학 부설어학원은 수업수준과 만족도, 초급반 제공 여부, 수업료, 편의성, 서비스, 시설, 국적분포 등의 기준에서 사설어학원에 못 미치는 경우가 많아 대부분의 유학생들은 독일에서 사설어학원을 다니고 있습니다.

MASTER

영어로 배울 수 있는 무료 석사과정.

주요 학교 석사과정 중 영어로 수업이 진행되는 무료과정들입니다.
과정명과 등록금 유무는 시기에 따라 달라질 수 있습니다.

아헨 공대 RWTH Aachen

- Advanced Computational Methods in Civil Engineering

- Applied Geosciences - Applied Mineralogy and Crystallography (AMC)

- Biomedical Systems Engineering

- Computer Engineering

- Communications Engineering

- Construction & Robotics

- Electrical Power Engineering

- Engineering Geohazards

- Data Science

- Automotive Engineering

- Programme in Applied Mathematics

- Micro- and Nanoelectronics

- Applied Geosciences - Energy & Mineral Resources (EMR)

- Physics

- Railway Systems Engineering
- Software Systems Engineering
- Sustainable Management - Water and Energy
- Systems Engineering and Automation

베를린 공대 TU Berlin

- Civil Systems Engineering
- Computational Neuroscience
- Architecture Typology M-ARCH-T
- Urban Design
- Polymer Science Programme

브라운슈바이크 공대 TU Braunschweig

- Data Science

다름슈타트 공대 TU Darmstadt

- Data and Discourse Studies
- Information and Communication Engineering
- Aerospace Engineering
- Materials Science
- Tropical Hydrogeology and Environmental Engineering
- Mathematics
- Distributed Software Systems

드레스덴 공대 TU Dresden

- Biology in Society
- Hydro Science and Engineering
- Advanced Computational and Civil Engineering Structural Studies (ACCESS)
- Computational Modelling and Simulation
- Distributed Systems Engineering (DSE)
- Organic and Molecular Electronics (OME)
- Regenerative Biology and Medicine
- Molecular Bioengineering
- Nanoelectronic Systems
- Physics of Life
- Molecular Biosciences and Productive Biosystems (MBioPro)
- Transportation Economics

하노버 종합대 Uni Hannover

- Geodesy and Geoinformatics - Specialisation Geomatics
- Water Resources and Environmental Management (WATENV)
- Physics
- Environmental Planning and Territorial Development
- Optical Technologies - Photonics and Laser Technology
- Mathematics

카를스루에 공대 KIT (유료과정)[11]

- Applied Geosciences: Sustainable Energy, Resources & Storage (ERS)
- Energy Engineering & Management (MSc, Executive) at the HECTOR School
- Information Systems Engineering and Management
- Geophysics
- Financial Engineering at the HECTOR School
- Management of Product Development at the HECTOR School
- Meteorology and Climate Physics
- Mathematics
- Optics & Photonics at the Karlsruhe School of Optics & Photonics (KSOP)
- Remote Sensing and Geoinformatics
- Materials Science and Engineering
- Mobility Systems Engineering & Management (MSc, Executive) at the HECTOR School
- Water Science and Engineering
- Production & Operations Management (MSc, Executive) at the HECTOR School

뮌헨 공대 TU München

* 2023년 현재 기준 무료이지만, 대부분 학과에서 24/25년 겨울학기부터 아래와 같이 외국인 등록금 도입예정.
- Biomedical Engineering and Medical Physics (6,000유로)
- Biomedical Neuroscience (2025년 여름학기부터 6,000유로)
- Computational Mechanics (6,000유로)

---

11) 카를스루에 공대 및 슈투트가르트 종합대가 속한 바덴뷔르템베르크 주는 전체 학과에서 등록금을 받기 때문에 무료과정이 아닙니다.

- Computational Science and Engineering (CSE) (6,000유로)
- Data Engineering and Analytics (MSc) (6,000유로)
- Elite Master of Science in Neuroengineering (MSNE) (6,000유로)
- Finance and Information Management (FIM) (2025년 여름학기부터 6,000유로)
- Land Management and Geospatial Science (무료)
- Master in Management (MSc) - Heilbronn (무료)
- Master of Health Science - Prevention and Health Promotion (4,000유로)
- Master of Science in Communications and Electronics Engineering (MSCE) (6,000유로)
- Master of Science in Earth-Oriented Space Science and Technology (ESPACE) (6,000유로)
- Master of Science in Environmental Engineering (6,000유로)
- Master of Science in Sport and Exercise Science (6,000유로)
- Master's in Consumer Science (6,000유로)
- Master's in Management & Technology (4,000유로)
- Master in Management (MSc) - München (4,000유로)
- Master's in Management and Digital Technology (MSc) - Heilbronn (무료)
- Master's in Sustainable Management & Technology (MSMT) (4,000유로)
- Master's Mathematics in Science and Engineering (6,000유로)
- Mathematical Finance and Actuarial Science (6000유로)
- Mathematics in Data Science (6,000유로)
- Physics (Applied and Engineering Physics) (6,000유로)
- Quantum Science and Technology 무료
- Responsibility in Science, Engineering and Technology (RESET) (4,000유로)
- Science and Technology Studies (4,000유로)
- Transportation Systems (6,000유로)

슈투트가르트 종합대 Uni Stuttgart (유료과정)

- Air Quality Control, Solid Waste and Waste Water Process Engineering (WASTE)
- Computational Mechanics of Materials and Structures (COMMAS)
- Geomatics Engineering - GEOENGINE
- Computer Science
- Electrical Engineering
- Integrative Technologies and Architectural Design Research (ITECH)
- Information Technology - INFOTECH
- Integrated Urbanism and Sustainable Design (IUSD)
- International Master's Programme in Infrastructure Planning - MIP
- Materials Science
- PHYSICS
- Water Resources Engineering and Management (WAREM)

BACHELOR

입학이 쉬운 유명대학 학사 및 국가고시과정

NC는 Numerus Clausus의 약자로, 인원제한을 뜻합니다. 독일대학 과정 중 절반 정도가 인원제한을 하지 않으며, 일반적인 지원자격이 있을 경우 입학이 매우 쉬운 편입니다. 인원제한을 하지 않더라도 학교 자체전형이 있다면 해당 조건도 충족해야 하기 때문에 주의를 요합니다. 이러한 경우는 학과명 끝에 별표(*)를 표기하였습니다. 인원제한 학과 중 학사과정 및 국가고시과정만 선별하였습니다. 인원제한 여부는 시기에 따라 달라질 수 있습니다.

아헨 공대 RWTH Aachen

- 응용지구과학 Angewandte Geowissenschaften*
- 건축공학 Bauingenieurwesen*
- 화학 Chemie*
- 전산학 Computational Engineering Science*
- 컴퓨터공학 Computer Engineering*
- 전자공학 및 정보통신 Elektrotechnik und Informationstechnik*
- 기계공학 Maschinenbau*
- 재료공학 Materialwissenschaften*
- 수학 Mathematik*
- 지속가능한 원료 및 에너지공급 Nachhaltige Rohstoff- und Energieversorgung*
- 환경공학 Umweltingenieurwissenschaften*

- 교통공학 및 이동성 Verkehrsingenieurwesen und Mobilität*

- 재료공학 Werkstoffingenieurwesen*

- 산업공학 Wirtschaftsingenieurwesen*

베를린 공대 TU Berlin

- 화학 Chemie

- 전산학(기계공학 내 정보기술) Computational Engineering

- Science (Informationstechnik im Maschinenwesen)

- 전기공학 Elektrotechnik

- 에너지 및 프로세스공학 Energie- und Prozesstechnik

- 지구과학 Geotechnologie

- 수학 Mathematik

- 물리학 Physik

- 기술적 환경보호 Technischer Umweltschutz

- 기술수학 Technomathematik

- 재료학 Werkstoffwissenschaften

- 수리경제학 Wirtschaftsmathematik

브라운슈바이크 공대 TU Braunschweig

- 건축공학 Bauingenieurwesen*

- 생명공학, 화공학, 제약공학 Bio-, Chemie- und

- Pharmaingenieurwesen*

- 화학 Chemie

- 전기학 Elektrotechnik

- 재무수학 및 수리경제학 Finanz- und Wirtschaftsmathematik

- 컴퓨터공학 Informatik

- 정보시스템공학 Informations-Systemtechnik

- 기계공학 Maschinenbau*

- 수학 Mathematik

- 물리학 Physik

- 환경공학 Umweltingenieurwesen

- 교통공학 Verkehrsingenieurwesen*

- 경영정보학 Wirtschaftsinformatik

- 산업공학/기계공학 Wirtschaftsingenieurwesen / Maschinenbau*

다름슈타트 공대 TU Darmstadt

- 응용지구과학 Angewandte Geowissenschaften

- 응용기계공학 Angewandte Mechanik

- 건축공학 및 측지학 Bauingenieurwesen und Geodäsie

- 건축기술 Bautechnik

- 생명 분자 공학-분자생명공학 Biomolecular Engineering -

- Molekulare Biotechnologie*

- 화학 Chemie*

- 화공학 Chemietechnik

- 전산공학 Computational Engineering

- 전자공학 및 정보테크닉 Elektrotechnik und Informationstechnik

- 컴퓨터공학 Informatik

- 정보시스템기술 Informationssystemtechnik

- 기계공학 - 지속가능한 공학 Maschinenbau - Sustainable

- Engineering

- 재료공학 Materialwissenschaft

- 수학 Mathematik*

- 메카트로닉스 Mechatronik

- 물리학 Physik

- 환경공학 Umweltingenieurwissenschaften

- 수리경제학 Wirtschaftsmathematik*

드레스덴 공대 TU Dresden

- 화학 Chemie

- 측지학 및 지리정보학 Geodäsie und Geoinformation

- 컴퓨터공학 Informatik

- 기계공학 Maschinenbau

- 수학 Mathematik

- 미디어컴퓨터공학 Medieninformatik

- 물리학 Physik

- 화공학 및 천연재료공학 Verfahrenstechnik und Naturstofftechnik

- 재료공학 Werkstoffwissenschaft

- 수리경제학 Wirtschaftsmathematik

하노버 종합대 Uni Hannover

- 건축공학 및 환경공학 Bau- und Umweltingenieurwesen

- 화학 Chemie

- 전자공학 및 정보공학 Elektrotechnik und Informationstechnik

- 에너지공학 Energietechnik

- 측지학 및 지리정보학 Geodäsie und Geoinformatik

- 지구과학 Geowissenschaften

- 기계공학 Maschinenbau

- 수학 Mathematik

- 메카트로닉스 Mechatronik

- 기상학 Meteorologie

- 분자응용식물학 Molekulare und Angewandte Pflanzenwissenschaft

- 지속가능한 공학 Nachhaltige Ingenieurwissenschaft

- 나노테크놀로지 Nanotechnologie

- 물리학 Physik

카를스루에 공대 KIT (유료과정)

- 응용지구과학 Angewandte Geowissenschaften

- 건축공학 Bauingenieurwesen

- 화학 Chemie*

- 화공학 Chemieingenieurwesen und Verfahrenstechnik

- 전자공학 및 정보통신기술 Elektrotechnik und Informationstechnik

- 측지학 및 지리정보학 Geodäsie und Geoinformatik

- 지리물리학 Geophysik

- 기계공학 Maschinenbau

- 재료공학 및 원료공학 Materialwissenschaft und

- Werkstofftechnik

- 수학 Mathematik

- 기상학 Meteorologie

- 물리학 Physik

- 기술수학 Technomathematik

- 수리경제학 Wirtschaftsmathematik

뮌헨 공대 TU München

- 항공공학 Aerospace*
- 농학 및 원예학 Agrarwissenschaften und Gartenbauwissenschaften*
- 건축학 Architektur*
- 건축공학 Bauingenieurwesen
- 생화학 Biochemie
- 생체 재료 Biogene Werkstoffe
- 바이오정보학 Bioinformatik*
- 바이오경제학 Bioökonomie
- 양조 및 음료 기술 Brauwesen und Getränketechnologie
- 화학 Chemie*
- 화공학 Chemieingenieurwesen*
- 화학생명기술 Chemische Biotechnologie
- 전자기술 및 정보통신기술 Elektrotechnik und Informationstechnik
- 측지학 및 지리정보학 Geodäsie und Geoinformation
- 지구과학 Geowissenschaften
- 컴퓨터공학 Informatik*
- 컴퓨터공학: 게임공학 Informatik: Games Engineering*
- 정보엔지니어링 Information Engineering*
- 공학 Ingenieurwissenschaften*
- 조경건축 및 조경계획 Landschaftsarchitektur und Landschaftsplanung*
- 식품화학 Lebensmittelchemie*
- 식품공학 Lebensmitteltechnologie
- 생명과학 생물학 Life Sciences Biologie*

- 생명과학 영양학 Life Sciences Ernährungswissenschaft*

- 경영 및 기술 Management & Technology*

- 기계공학 Maschinenwesen*

- 수학 Mathematik*

- 분자생명공학 Molekulare Biotechnologie*

- 약제학적 바이오 프로세스 기술 Pharmazeutische Bioprozesstechnik

- 물리학 Physik

- 지속가능한 경영 및 기술 Sustainable Management and Technology*

- 바이오제닉 원료기술 Technologie biogener Rohstoffe

- 환경학 Umweltingenieurwesen

- 수리경젱학 Wirtschaftsinformatik*

슈투트가르트 종합대 Uni Stuttgart (유료과정)

- 건축공학 Bauingenieurwesen

- 화학 Chemie

- 화공학 및 생명공학 Chemie- und Bioingenieurwesen

- 재생에너지 Erneuerbare Energien

- 차량 및 엔진기술 Fahrzeug- und Motorentechnik

- 측지학 및 지리정보학 Geodäsie und Geoinformatik

- 기계공학 Maschinenbau

- 재료공학 Materialwissenschaft

- 메카트노닉스 Mechatronik

- 물리학 Physik

- 환경보호기술 Umweltschutztechnik*

03 예술 유학

예술 유학 목차

독일음대 64
음악계열 주요 대학 65
음악 유학 절차 77
독일 미대 78
미술계열 주요대학 79
미술 유학 절차 92

독일 음대

대표적인 독일 국립음대는 27개입니다. 베를린을 제외한 도시들에는 음대가 각 1개씩 위치하며, 다른 국립대들과 마찬가지로 도시이름이 곧 음대 이름이며, 음악 전공만 있는 학교보다 미술, 무용 등도 있는 종합예술대학이 더 많습니다.

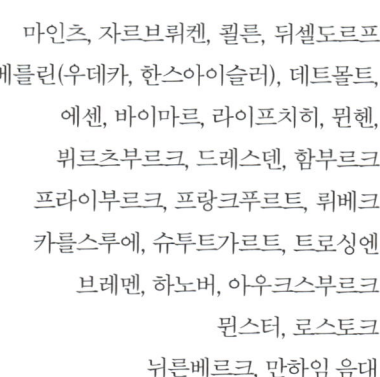

마인츠, 자르브뤼켄, 쾰른, 뒤셀도르프
베를린(우데카, 한스아이슬러), 데트몰트,
에센, 바이마르, 라이프치히, 뮌헨,
뷔르츠부르크, 드레스덴, 함부르크
프라이부르크, 프랑크푸르트, 뤼베크
카를스루에, 슈투트가르트, 트로싱엔
브레멘, 하노버, 아우크스부르크
뮌스터, 로스토크
뉘른베르크, 만하임 음대
(이상 지원마감일 순. 시기별로 다를 수 있음)

음악계열 주요 대학

독일의
음악계열 주요 대학을 소개합니다.

Hochschule für Musik und Tanz Köln

쾰른 음악 및 무용 응용과학대학교

학교명	Hochschule für Musik und Tanz Köln
홈페이지	http://www.hfmt-koeln.de
주명	Nordrhein-Westfalen
도시명	Köln
학생수	1,502명
외국인 학생	45.9%
설립년도	1845년
등록금	무료
지원마감일[12]	겨울학기 3월 1일
시험일정[13]	겨울학기 5월 16일~6월 24일
주요학과	기악(오르겔, 기타 포함), 성악(리트, 오페라), 작곡, 지휘(오케스트라, 오페라, 합창), 반주(리트, 오페라), 교회음악, 음악학, 음악교육학, 재즈, 팝 등
과정수	학사 12개, 석사 19개

---

12) 2022년 성악, 기악 학석사 기준입니다.
13) 2022년 성악, 기악 학석사 기준입니다.

뒤셀도르프 로버트 슈만 음악대학교

학교명	Robert-Schumann-Hochschule Düsseldorf
홈페이지	www.rsh-duesseldorf.de
주명	Nordrhein-Westfalen
도시명	Düsseldorf
학생수	923명
외국인 학생	32.7%
설립년도	1935년
등록금	무료
지원마감일	겨울학기 3월 1일, 여름학기 10월 31일 (석사만.)
시험일정	겨울학기 5월 27일~6월 8일 여름학기 1월 24일~28일
주요학과	기악(오르겔, 기타 포함), 성악, 작곡, 지휘(오케스트라, 합창), 반주(리트, 오페라), 음향, 교회음악, 재즈 등
과정수	학사 6개, 석사 6개

Universität der Künste Berlin

베를린 종합예술대학교(우데카)

학교명	Universität der Künste Berlin
홈페이지	www.udk-berlin.de
주명	Berlin
도시명	Berlin
학생수	4,156명
외국인 학생	32.4%
설립년도	1699년
등록금	무료
지원마감일	겨울학기 지휘석사 3월 15일, 성악 4월 1일, 기악 4월 15일, 피아노 5월 15일 여름학기 11월 15일, 피아노 12월 15일.
시험일정	겨울 6월. 여름 1월~2월.
주요학과	기악(오르겔, 기타 포함), 성악(리트, 오페라), 작곡, 지휘, 반주(실내악, 리트), 교회음악, 음악치료, 뮤지컬, 재즈, 사운드연구 및 음향예술, 톤마이스터 등
과정수	학사 21개, 석사 28개

베를린 한스 아이슬러 음악대학교

학교명	HfM Hanns Eisler Berlin
홈페이지	www.hfm-berlin.de
주명	Berlin
도시명	Berlin
학생수	550명
외국인 학생	72.9%
설립년도	1950년
등록금	무료
지원마감일	겨울학기 4월 15일, (성악 석사 전년도 12월 31일) 여름학기 11월 15일, (성악 석사 시험 없음.)
시험일정	겨울학기 6월 13일~17일 (성악 석사 2월 15일~16일) 여름학기 1월 10일~17일 (성악 석사 시험 없음.)
주요학과	기악(기타 포함), 성악, 작곡, 지휘(오케스트라, 합창), 반주, 재즈 등
과정수	학사 8개, 석사 12개

라이프치히음대

학교명	Hochschule für Musik und Theater Felix Mendelssohn Bartholdy Leipzig
홈페이지	www.hmt-leipzig.de
주명	Sachsen
도시명	Leipzig
학생수	1,114명
외국인 학생	29.7%
설립년도	1843년
등록금	1,800유로/학기
지원마감일	겨울학기 3월 31일, 여름학기 11월 30일
시험일정	겨울학기 5월 30일~6월 10일 여름학기 1월 31일~2월 4일
주요학과	기악, 성악(리트, 오페라), 작곡, 지휘(합창), 반주(리트, 보컬), 교회음악, 음악교육학, 음악학, 재즈 등
과정수	학사 13개, 석사 27개

뮌헨 음악 및 연극 응용과학대학교

학교명	Hochschule für Musik und Theater München
홈페이지	www.musikhochschule-muenchen.de
주명	Bayern
도시명	München
학생수	1,183명
외국인 학생	39.8%
설립년도	1830년
등록금	무료
지원마감일	겨울학기 3월 31일
시험일정	겨울학기 6월 13일~21일
주요학과	기악(기타 포함), 성악(리트, 오페라), 작곡, 지휘(오케스트라, 합창), 반주(리트, 오페라), 음악교육학, 교회음악, 뮤지컬, 재즈 등
과정수	학사 17개, 석사 24개

함부르크 음악 및 연극 응용과학대학교

학교명	Hochschule für Musik und Theater Hamburg
홈페이지	www.hfmt-hamburg.de
주명	Hamburg
도시명	Hamburg
학생수	1,485명
외국인 학생	32.9%
설립년도	1950년
등록금	무료
지원마감일	겨울학기 4월 1일
시험일정	겨울학기 -
주요학과	기악(오르겔, 기타 포함), 성악(리트, 오페라), 작곡, 지휘(오케스트라, 합창), 음악교육학, 음악치료, 교회음악, 재즈 등
과정수	학사 13개, 석사 20개

Hochschule FÜR MUSIK Freiburg

프라이부르크 음악대학교

학교명	Hochschule für Musik Freiburg im Breisgau
홈페이지	www.mh-freiburg.de
주명	Baden-Württemberg
도시명	Freiburg
학생수	564명
외국인 학생	48.8%
설립년도	1946년
등록금	1,500유로/학기
지원마감일	겨울학기 4월 1일 여름학기 12월 1일
시험일정	겨울학기 5월 30일~6월 4일 여름학기 2월 21일~26일
주요학과	기악(오르겔, 기타 포함), 성악, 작곡, 지휘(오케스트라, 합창), 반주(리트), 음악교육학, 교회음악, 재즈 등
과정수	학사 11개, 석사 14개

카를스루에 음악대학교

학교명	Hochschule für Musik Karlsruhe
홈페이지	www.hfm-karlsruhe.de
주명	Baden-Württemberg
도시명	Karlsruhe
학생수	568명
외국인 학생	45.4%
설립년도	1812년
등록금	1,500유로/학기
지원마감일	겨울학기 4월 1일
시험일정	여름학기 12월 1일
	겨울학기 6월 20일~25일
	여름학기 2월 14일~19일
주요학과	기악, 성악(리트, 오페라), 작곡, 지휘(오케스트라, 합창), 음악교육학 등
과정수	학사 10개, 석사 14개

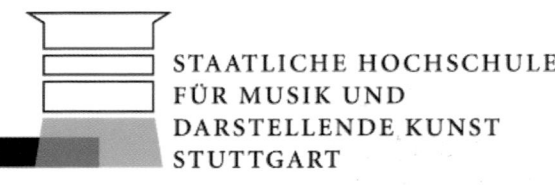

슈투트가르트 음악 및 예술 응용과학대학교

학교명	Staatliche Hochschule für Musik und Darstellende Kunst Stuttgart
홈페이지	www.hmdk-stuttgart.de
주명	Baden-Württemberg
도시명	Stuttgart
학생수	771명
외국인 학생	39.7%
설립년도	1857년
등록금	1,500유로/학기
지원마감일	겨울학기 4월 1일 여름학기 11월 1일
시험일정	겨울학기 - 여름학기 -
주요학과	기악(기타 포함), 성악, 작곡, 지휘(오케스트라, 합창), 음악교육학, 음악학, 교회음악, 재즈 등
과정수	학사 11개, 석사 22개

하노버 음악, 연극 및 미디어 응용과학대학교

학교명	Hochschule für Musik, Theater und Medien Hannover
홈페이지	www.hmtm-hannover.de
주명	Niedersachsen
도시명	Hannover
학생수	1,409명
외국인 학생	31.1%
설립년도	1897년
등록금	무료
지원마감일	겨울학기 4월 8일
시험일정	겨울학기 6월 11일~19일
주요학과	기악(기타 포함), 성악, 작곡, 지휘, 음악이론, 교회음악, 재즈 등
과정수	학사 12개, 석사 17개

Musikhochschule Mannheim

만하임 음악 및 예술 응용과학대학교

학교명	Staatliche Hochschule für Musik und Darstellende Kunst Mannheim
홈페이지	www.muho-mannheim.de
주명	Baden-Württemberg
도시명	Mannheim
학생수	586명
외국인 학생	46.1%
설립년도	1971년
등록금	1,500유로/학기
지원마감일	겨울학기 4월 30일 여름학기 11월 15일
시험일정	겨울학기 7월 7일~16일 여름학기 2월 3일~12일
주요학과	기악, 성악(리트, 오페라), 작곡, 지휘, 재즈, 팝 등
과정수	학사 7개, 석사 4개

음악 유학 절차

TIMELINE

1~2월	2~4월	4월	5~7월	8~9월	10월	10~12월
여름학기 실기시험	겨울학기 원서접수	여름학기 시작	겨울학기 실기시험	겨울학기 합격자 발표	겨울학기 시작	여름학기 원서접수

본 학기인 겨울학기 지원은 대체로 2월~4월 경에 마감되며, 마인츠, 우데카는 마감 1~2개월 전에 학력평가를 선행해야 합니다. 여름학기는 대략 전체 음대 중 절반 정도만 지원 가능하며, 같은 학교라 하더라도 전공, 학위별로 지원 여부가 나뉩니다. 국립음대의 수업언어는 모두 독일어입니다. 학교별, 전공별로 다양하긴 하지만 지원 시 대체로 A2~B1, 등록 시 B1~B2 수준의 독일어 합격증을 요구하는 편이기 때문에 사전에 독일어 학습을 선행해야 합니다. 종종 입학 후 1~2학기 유예기간을 주기도 합니다. 팬데믹 이전에는 대체로 한 번의 현장시험이 전부였지만 이후에는 대체로 1차 온라인 시험(영상 제출) 후 2차 현장시험 방식으로 진행되고 있지만, 학교에 따라 이전처럼 일부 혹은 모든 전공이 현장시험만 치는 경우도 있습니다. 시험곡은 학교, 전공마다 차이가 있지만, 대체로 바로크, 고전, 낭만, 근현대 등 시대별로 한 곡씩 요구하는 경우가 많습니다. 심사기준은 교수, 제자와의 인맥이나 콩쿠르, 연주회 등 경력, 학교 성적 등과는 무관하게 시험 당일 시행된 전공실기시험 결과로만 평가됩니다. 학사 지원자의 전공실기시험 합격 후 피아노, 청음, 이론 등 부전공 시험에도 합격해야 최종입학이 가능합니다. 경우에 따라 전공, 부전공 시험 외에 독일어 구술 혹은 작문시험이 있을 수도 있습니다.

독일 미대

독일 순수미술 계열의 국립미대는 23개이며, 디자인 계열의 국립미대는 약 60여 개입니다. 순수미술과 달리 디자인 계열의 대학은 미술 전공 외에 경영, 공학 관련 전공들도 많이 개설되어 전문미대가 아니라 응용과학대학이 더 많은 편입니다.

순수미술 계열 대학은 베를린(우데카, 바이센제), 브라운슈바이크, 브레멘, 드레스덴, 뒤셀도르프, 프랑크푸르트, 코블렌츠, 카를스루에, 할레, 함부르크, 카셀, 킬, 라이프치히, 마인츠, 뮌헨, 뮌스터, 오펜바흐, 오터스베르크, 레겐스부르크, 자르브뤼켄, 슈투트가르트, 바이마르 등입니다. 디자인계열의 국립미대는 아헨, 베를린(우데카, 바이센제), 브레멘, 안할트, 킬, 쾰른, 노르트라인 등 약 60여 개이며, 이 중 몇몇 대학을 아래에서 소개합니다. 지원마감일은 시기에 따라 다를 수 있습니다

미술계열 주요 대학

독일의 미술계열
주요 대학을 소개합니다.

 UdK Berlin   베를린 종합예술대학교

학교명	Universität der Künste Berlin
홈페이지	www.udk-berlin.de
주명	Berlin
도시명	Berlin
학생수	4,156명
외국인 학생	32.4%
설립년도	1699년
등록금	무료
지원마감일	겨울학기 3월 5일, 제품디자인, 패션, 무대미술 4월 15일
주요학과	건축, 사회적 예술, 제품디자인, 패션디자인, 시각디자인, 무대미술, 순수미술, 예술과 미디어
과정수	학사 21개, 석사 28개

베를린 바이센제 미술대학교

학교명	Weißensee kunsthochschule berlin
홈페이지	www.kh-berlin.de
주명	Berlin
도시명	Berlin
학생수	837명
외국인 학생	35.8%
설립년도	1946년
등록금	무료
지원마감일	겨울학기 12월 10일
주요학과	공간전략, 섬유 및 공간 디자인, 시각디자인, 제품디자인, 순수미술(회화, 조소, 무대 및 의상디자인), 미술치료, 패션디자인
과정수	학사 4개, 석사 6개

 브라운슈바이크 미술대학교

학교명	Hochschule für Bildende Künste Braunschweig
홈페이지	www.hbk-bs.de
주명	Niedersachsen
도시명	Braunschweig
학생수	976명
외국인 학생	9.1%
설립년도	1963년
등록금	무료
지원마감일	겨울학기 3월 15일
주요학과	디지털사회의 디자인, 순수미술, 미술교육학, 미술학, 시각디자인, 변형디자인
과정수	학사 7개, 석사 5개

브레멘 예술 응용과학대학교

학교명	Hochschule für Künste Bremen
홈페이지	www.hfk-bremen.de
주명	Bremen
도시명	Bremen
학생수	975명
외국인 학생	46.2%
설립년도	1873년
등록금	무료
지원마감일	겨울학기 4월 30일
주요학과	산업디자인, 순수미술, 디지털미디어, 통합디자인
과정수	학사 5개, 석사 6개

(Hf)(BK)(DD) 드레스덴 미술대학교

학교명	Hochschule für Bildende Künste Dresden
홈페이지	www.hfbk-dresden.de
주명	Sachsen
도시명	Dresden
학생수	545명
외국인 학생	18.9%
설립년도	1764년
등록금	무료
지원마감일	겨울학기 3월 15일
주요학과	순수미술, 무대디자인 및 의상, 의상디자인, 분장, 복원, 극장장치, 극장회화, 극장조형
과정수	학석사 통합과정 7개

에센 폴크방 종합예술대학교

학교명	Folkwang Universität der Künste
홈페이지	www.folkwang-uni.de
주명	Nordrhein-Westfalen
도시명	Essen
학생수	1,728명
외국인 학생	37.2%
설립년도	1927년
등록금	무료
지원마감일	겨울학기 3월 15일
주요학과	사진, 사진연구 및 실습, 산업디자인, 시각디자인, 미술 및 디자인학, 전문미디어창작
과정수	학사 14개, 석사 22개

 뒤셀도르프 미술 아카데미

학교명	Kunstakademie Düsseldorf
홈페이지	www.kunstakademie-duesseldorf.de
주명	Nordrhein-Westfalen
도시명	Düsseldorf
학생수	577명
외국인 학생	27.9%
설립년도	1814년
등록금	무료
지원마감일	겨울학기 3월 10일
주요학과	건축, 순수미술,
과정수	학사 1개, 석사 2개

Kunsthochschule für Medien Köln
Academy of Media Arts Cologne

쾰른 미디어 미술대학교

학교명	Kunsthochschule für Medien Köln
홈페이지	www.khm.de
주명	Nordrhein-Westfalen
도시명	Köln
학생수	398명
외국인 학생	39.2%
설립년도	1990년
등록금	무료
지원마감일	겨울학기 4학기제 1월 24일, 9학기제 2월 7일
주요학과	미디어아트
과정수	학사 1개, 석사 1개

Staatliche Akademie der Bildenden Künste Karlsruhe 카를스루에 국립 미술 아카데미

학교명	Staatliche Akademie der Bildenden Künste Karlsruhe
홈페이지	www.kunstakademie-karlsruhe.de
주명	Baden-Württemberg
도시명	Karlsruhe
학생수	341명
외국인 학생	19.6%
설립년도	1854년
등록금	1,500유로/학기
지원마감일	겨울학기 4월 26일
주요학과	순수미술(회화, 조소), 미디어디자인
과정수	학사 1개, 석사 1개

HFBK
Hochschule für bildende Künste Hamburg

함부르크 미술대학교

학교명	Hochschule für Bildende Künste Hamburg
홈페이지	www.hfbk-hamburg.de
주명	Hamburg
도시명	Hamburg
학생수	951명
외국인 학생	38.0%
설립년도	1767년
등록금	무료
지원마감일	겨울학기 3월 5일
주요학과	무대공간, 이론 및 역사, 회화, 그래픽/타이포그라피/사진, 디자인, 조소, 영상미디어, 영화
과정수	학사 2개, 석사 2개

 뮌스터 미술 아카데미

학교명	Kunstakademie Münster, Hochschule für Bildende Künste
홈페이지	www.kunstakademie-muenster.de
주명	Nordrhein-Westfalen
도시명	Münster
학생수	359명
외국인 학생	21.4%
설립년도	1971년
등록금	무료
지원마감일	겨울학기 4월 10일
주요학과	순수미술
과정수	학사 1개, 석사 1개

 자르브뤼켄 미술대학교

학교명	Hochschule der Bildenden Künste Saar
홈페이지	www.hbksaar.de
주명	Saarland
도시명	Saarbrücken
학생수	424명
외국인 학생	46.7%
설립년도	1989년
등록금	무료
지원마감일	겨울학기 5월 31일
주요학과	박물관교육, 큐레이션, 시각디자인, 제품디자인, 미디어아트와 디자인, 순수미술, 퍼블릭아트/디자인, 미술교육학, 실험미디어, 문화경영,
과정수	학사 4개, 석사 8개

HOCHSCHULE PFORZHEIM 포르츠하임 응용과학대학교

학교명	Hochschule Pforzheim
홈페이지	https://www.hs-pforzheim.de
주명	Baden-Württemberg
도시명	Pforzheim
학생수	5,753명
외국인 학생	11.1%
설립년도	1877년
등록금	1,500유로/학기
지원마감일	겨울학기 4월 30일
	여름학기 10월 30일
주요학과	액세서리디자인, 산업디자인, 패션, 보석, 운송디자인, 시각디자인, 크리에이티브디렉션, 디자인 및 미래창조
과정수	학사 29개, 석사 21개

미술 유학 절차

TIMELINE

1~3월	4월	3~6월	7~9월	10월	10~12월
여름학기 합격자 발표	여름학기 시작	겨울학기 원서접수	겨울학기 합격자 발표	겨울학기 시작	여름학기 원서접수

순수미술은 대체로 1년에 한 번, 겨울학기(10월 개강) 지원만 가능하며, 3월~6월 경에 마감되는 편입니다. 이와 달리 디자인, 특히 미술대학이 아닌 응용과학대는 여름학기에 지원 가능한 경우도 꽤 있는 편입니다.

국립미대는 대부분 독일어과정입니다. 지원 시 대체로 A2~B1, 등록 시 B2~C1 수준의 독일어 시험 합격증을 요구하는 편이기 때문에 사전에 독일어 학습을 선행해야 합니다. 다만, 독일어 조건은 학교, 전공, 시기별로 상이하므로 주의를 요합니다. 경우에 따라 실기시험 합격 후 입학까지 최대 3년까지 유예기간을 주기도 합니다.

학교, 과정에 따라 마페(Mappe, 포트폴리오) 심사만으로 입학이 결정되기도 하고, 마페 심사 후 현장시험과 면접을 보는 경우도 있습니다. 심사기준은 제출한 마페의 창의성과 발전가능성이며, 교수, 제자와의 인맥이나 수상경력, 학교 성적 등은 당락에 큰 영향을 미치지 않습니다. 다만, 디자인의 경우 마페 합격 후 후술할 "일반적인 지원자격" 심사과정에서 문제가 되는 경우가 있을 수 있으니 주의를 요합니다.

04 문과 유학

문과 유학 목차

- QS 세계대학 랭킹 93
- CHE 독일대학 랭킹 94
- 문과계열 주요대학 98
- 지원일정 및 절차 114
- 영어로 배울 수 있는 무료 석사과정 115
- 입학이 쉬운 유명대학 학사 및 국가고시과정 120

QS 세계대학 랭킹(2022년)

- 하이델베르크 종합대............................63위
- 뮌헨 종합대..64위
- 베를린 자유대....................................127위
- 베를린 훔볼트 종합대.........................128위
- 프라이부르크 종합대..........................172위
- 튀빙엔 종합대....................................177위

CHE 독일대학 랭킹 (2022년)

12만여 명의 재학생과 3천여 명의 강사진 대상 설문을 통해 집계되었으며, 전반적인 학업 환경, 학생들 케어 수준, 실습 환경, 졸업까지 걸리는 시간, 커리큘럼의 실용성, 연구비와 연구 명성 등에서 좋은 평가를 받은 추천대학들입니다.

경영학

- EBS Universität (priv.)
- Frankfurt School (priv.)
- Europa-Uni Frankfurt (Oder)
- Uni Göttingen
- KLU Hamburg (priv.)
- Uni Mannheim
- TU München
- Uni Stuttgart
- Uni Augsburg
- Uni Bayreuth
- LMU München
- FH Aachen
- HS Aalen
- TH Aschaffenburg
- HTW Berlin
- HS Bonn-Rh.S.
- HS Furtwangen
- HS Heilbronn
- IU (priv.)
- TH Mittelhessen/Gießen

- HfWU Nürtingen
- HS Offenburg
- HS Osnabrück
- HS Pforzheim
- HS Reutlingen
- ESB Business School
- SRH HS Heidelberg (priv.)
- MBS München (priv.)
- HFT Stuttgart

경제법

- FH Aachen
- TH Aschaffenburg
- HS Pforzheim

경제학

- Frankfurt School (priv.)
- Uni Frankfurt a.M.
- Uni Hannover
- Uni Witten/Herdecke (priv.)
- Zeppelin Univ./Friedrichshafen (priv.)

교육학

- Uni Halle-Wittenberg
- Uni Tübingen

국민경제학

- Uni Mannheim

독문학

- Uni Jena
- Uni Konstanz
- Uni Mannheim

법학

- Uni Düsseldorf
- EBS Universität/Wiesbaden (priv.)
- Uni Halle-Wittenberg
- Bucrius LS Hamburg (priv.)
- Uni Mannheim
- Uni Osnabrück
- Uni Passau

사회복지학

- HAW Coburg
- HS Esslingen
- HS Fulda
- IUBH/Bad Honnef (priv.)
- EAH Jena
- HAW Landshut
- HS Mannheim
- HS Merseburg
- KatHO NRW/Münster
- EvHS Nürnberg
- HS Osnabrück
- FH Potsdam
- OTH Regensburg

산업심리학

- HS Bonn-Rhein-Sieg
- HS Fresenius (priv.)
- HS Harz
- HS Osnabrück
- HFT Stuttgart

심리학

- Uni Bochum
- TU Braunschweig
- Uni Düsseldorf
- Katholische Uni
- Uni Mannheim
- Uni Münster

영문학/미국학

- Uni Mannheim

정치학/사회학

- Uni Bamberg
- Uni Heidelberg
- Uni Mannheim
- TU München
- Uni Münster

지리학

- Uni Bayreuth

문과계열 주요대학

독일의 인문, 사회, 경상, 법학, 심리학 등 문과계열 주요 대학을 소개합니다.

 **하이델베르크 루프레히트카를스 종합대학교**

학교명	Ruprecht-Karls-Universität Heidelberg
홈페이지	www.uni-heidelberg.de
주명	Baden-Württemberg
도시명	Heidelberg
학생수	28,448명
외국인 학생	17.2%
설립년도	1386년
등록금	1,500유로/학기
랭킹[14]	2위
엘리트대학[15]	예
주요학과[16]	물리학, 의학, 약학, 법학, 정치학, 체육학, 지리학, 영문학
과정수	학사 69개, 석사 95개

14) 2022년 QS 세계대학랭킹 중 독일대학만 추린 순위입니다.
15) 2019년도 선정기준. 아헨 공대, 베를린 3개 대학 연합체(베를린 자유대학, 훔볼트 대학, 베를린 공대), 본 종합대, 드레스덴 공대, 함부르크 종합대, 하이델베르크 종합대, 카를스루에 공대, 콘스탄츠 종합대, 뮌헨 종합대, 뮌헨 공대, 튀빙엔 종합대 (알파벳순)
16) 종합대 특성상 문과, 이과 구별 없이 주요학과를 모두 적었습니다.

 뮌헨 루드비히 막시밀리안 종합대학교

학교명	Ludwig-Maximilians-Universität München
홈페이지	www.lmu.de
주명	Bayern
도시명	München
학생수	51,007명
외국인 학생	19.0%
설립년도	1472년
등록금	무료
랭킹	3위
엘리트대학	예
주요학과	경영학, 경제학, 생물학, 의학, 치의학, 화학, 법학, 컴퓨터공학, 물리학
과정수	학사 82개, 석사 124개

베를린 자유 종합대학교

학교명	Freie Universität Berlin
홈페이지	www.fu-berlin.de
주명	Berlin
도시명	Berlin
학생수	37,149명
외국인 학생	20.8%
설립년도	1948년
등록금	무료
랭킹	4위
엘리트대학	예
주요학과	심리학, 교육학, 법학, 독일철학, 정치학, 약학
과정수	학사 123개, 석사 101개

베를린 훔볼트 종합대학교

학교명	Humboldt-Universität zu Berlin
홈페이지	www.hu-berlin.de
주명	Berlin
도시명	Berlin
학생수	35,934명
외국인 학생	17.8%
설립년도	1810년
등록금	무료
랭킹	5위
엘리트대학	예
주요학과	특수교육학, 영어, 심리학, 교육학, 문화학, 철학
과정수	학사 133개, 석사 99개

프라이부르크 알버트 루드비히 종합대학교

학교명	Albert-Ludwigs-Universität Freiburg im Breisgau
홈페이지	www.uni-freiburg.de
주명	Baden-Württemberg
도시명	Freiburg
학생수	23,938 명
외국인 학생	17.7%
설립년도	1457년
등록금	1,500유로/학기
랭킹	9위
엘리트대학	아니오
주요학과	체육학, 생물학, 치의학, 의학, 경제학, 법학, 환경학
과정수	학사 87개, 석사 108개

튀빙엔 에버하르트 카를스 종합대학교

학교명	Eberhard Karls Universität Tübingen
홈페이지	www.uni-tuebingen.de
주명	Baden-Württemberg
도시명	Tübingen
학생수	27,828명
외국인 학생	13.9%
설립년도	1477년
등록금	1,500유로/학기
랭킹	10위
엘리트대학	예
주요학과	교육학, 생물학, 의학, 미디어학, 영문학
과정수	학사 102개, 석사 130개

 함부르크 종합대학교

학교명	Universität Hamburg
홈페이지	www.uni-hamburg.de
주명	Hamburg
도시명	Hamburg
학생수	43,103명
외국인 학생	13.7%
설립년도	1919년
등록금	무료
랭킹	13위
엘리트대학	아니오
주요학과	물리학, 의학, 교육학, 사회경제학, 심리학
과정수	학사 107개, 석사 133개

 **본 프리드리히 빌헬름 종합대학교**

학교명	Rheinische Friedrich-Wilhelms-Universität Bonn
홈페이지	www.uni-bonn.de
주명	Nordrhein-Westfalen
도시명	Bonn
학생수	36,805명
외국인 학생	15.1%
설립년도	1818년
등록금	무료
랭킹	14위
엘리트대학	예
주요학과	수학, 심리학, 지리학, 생물학, 농학, 정치와 사회
과정수	학사 85개, 석사 100개

 쾰른 종합대학교

학교명	Universität zu Köln
홈페이지	www.Uni-Koeln.de
주명	Nordrhein-Westfalen
도시명	Köln
학생수	52,130명
외국인 학생	11.5%
설립년도	1388년
등록금	무료
랭킹	16위
엘리트대학	예
주요학과	물리학, 심리학, 역사학, 사회학, 경영학
과정수	학사 97개, 석사 119개

 프랑크푸르트 요한 볼프강 괴테 종합대학교

학교명	Johann Wolfgang Goethe-Universität, Frankfurt am Main
홈페이지	www.uni-frankfurt.de
주명	Hessen
도시명	Frankfurt
학생수	43,461명
외국인 학생	15.1%
설립년도	1914년
등록금	무료
랭킹	18위
엘리트대학	아니오
주요학과	경제학, 생화학, 체육학, 교육학, 역사학, 정치학
과정수	학사 75개, 석사 90개

 # 예나 프리드리히 쉴러 종합대학교

학교명	Friedrich-Schiller-Universität Jena
홈페이지	www.uni-jena.de
주명	Thüringen
도시명	Jena
학생수	17,345명
외국인 학생	14.3%
설립년도	1558년
등록금	무료
랭킹	19위
엘리트대학	아니오
주요학과	독문학, 물리학, 재료공학, 심리학, 경제학, 영양학, 의학, 영어
과정수	학사 68개, 석사 74개

 보훔 루르 종합대학교

학교명	Ruhr-Universität Bochum
홈페이지	www.ruhr-uni-bochum.de
주명	Nordrhein-Westfalen
도시명	Bochum
학생수	42,089명
외국인 학생	16.2%
설립년도	1962년
등록금	무료
랭킹	23위
엘리트대학	아니오
주요학과	심리학, 체육학, 역사학, 독문학, 사회과학
과정수	학사 55개, 석사 104개

 # 만하임 종합대학교

학교명	Universität Mannheim
홈페이지	www.uni-mannheim.de
주명	Baden-Württemberg
도시명	Mannheim
학생수	11,532명
외국인 학생	16.3%
설립년도	1907년
등록금	1,500유로/학기
랭킹	25위
엘리트대학	아니오
주요학과	경영학, 국민경제학, , 경제교육학, 경제수학, 독문학, 법학, 심리학, 영문학, 미국학, 정치학, 사회학
과정수	학사 41개, 석사 38개

 # 콘스탄츠 종합대학교

학교명	Universität Konstanz
홈페이지	www.uni-konstanz.de
주명	Baden-Württemberg
도시명	Konstanz
학생수	10,939명
외국인 학생	12.5%
설립년도	1966년
등록금	1,500유로/학기
랭킹	32위
엘리트대학	예
주요학과	독문학, 물리학, 생물학, 화학, 사회학, 심리학, 문학-예술-미디어, 법학, 정칙학/행정학
과정수	학사 46개, 석사 47개

 **바이로이트 종합대학교**

학교명	Universität Bayreuth
홈페이지	www.uni-bayreuth.de
주명	Bayern
도시명	Bayreuth
학생수	12,773명
외국인 학생	14.4%
설립년도	1972년
등록금	무료
랭킹	33위
엘리트대학	아니오
주요학과	경영학, 산업공학, 지리학, 지질학, 체육학, 법학, 체육경제학, 생물학
과정수	학사 89개, 석사 83개

빌레펠트 종합대학교

학교명	Universität Bielefeld
홈페이지	www.uni-bielefeld.de
주명	Nordrhein-Westfalen
도시명	Bielefeld
학생수	24,488명
외국인 학생	7.9%
설립년도	1969년
등록금	무료
랭킹	43위
엘리트대학	아니오
주요학과	사회학, 생물학, 생화학, 심리학, 교육학, 체육학
과정수	학사 70개, 석사 67개

지원일정 및 절차

TIMELINE

2~3월	4월	5~7월	8~9월	10월	10~1월
여름학기 합격자 발표	여름학기 시작	겨울학기 원서접수	겨울학기 합격자 발표	겨울학기 시작	여름학기 원서접수

독일대학들은 보통 1년에 한 번, 10월에 개강합니다. 지원일정은 경우마다 다르지만 5월~7월 중순쯤에 마감되는 경우가 많은 편입니다. 10월에 개강하는 학기는 겨울학기라고 불리우며, 한국으로 치면 3월에 개강하는 것과 동일합니다. 간혹 4월에 여름학기가 개강하는 경우도 있습니다. 지원일정은 경우마다 다르지만 10월~1월 중순쯤에 마감되는 경우가 많은 편입니다. 수업언어가 독일어일 경우 흔히 독일에서 1~2년간의 독일어 연수를 선행한 후 대학에 입학하고, 수업언어가 영어일 경우 한국에서 대학입학허가서를 취득한 후 독일로 출국하는 편입니다.

수업언어가 독일어일 경우 대학부설어학원으로 먼저 지원하는 경우가 있는데, 어학 후에 최종 지원할 학과가 인원제한을 하지 않는다면, 대학부설어학원을 마치고 특별한 어려움 없이 학과로 바로 입학하는 것도 가능합니다. 다만, 이는 후술할 "독일대학 지원자격"이 충족된 경우라면 해당 대학의 부설어학원을 다니지 않았더라도 똑같이 적용되는 조건이라서 굳이 대학부설어학원을 다닐 이유가 되지는 않습니다. 즉, 대학부설어학원을 다니든 다니지 않든 학과 입학조건은 동일하므로 어학원 자체의 장단점을 비교하여 지원하면 됩니다. 최근 수십 년간 독일대학부설어학원은 수업수준과 만족도, 초급반 제공여부, 수업료, 편의성, 서비스, 시설, 국적분포 등의 기준에서 사설어학원에 못 미치는 경우가 많아 대부분의 유학생들은 독일에서 사설어학원을 다니고 있습니다.

MASTER

영어로 배울 수 있는 무료 석사과정

주요 학교 문과계열 석사과정 중 영어로 수업이 진행되는 무료과정들입니다. 과정명과 등록금 유무는 시기에 따라 달라질 수 있습니다.

하이델베르크 종합대 Uni Heidelberg (유료과정)[17]

- Development, Environment, Societies, and History of South AsiaTranscultural Studies
- Computational Linguistics
- American Studies (MAS)
- Health and Society in South Asia

뮌헨 종합대 LMU München

- Neurosciences
- Software Engineering
- Biomedical Neuroscience
- Finance and Information Management (FIM)
- Management
- Land Management and Geospatial Science

---

[17] 하이델베르크, 만하임, 콘스탄츠 종합대가 속한 바덴뷔르템베르크 주는 전체 학과에서 등록금을 받기 때문에 무료과정이 아닙니다.

베를린 자유대 FU Berlin

- Interdisciplinary Studies of the Middle East (ISME)
- MA Iranian Studies: Iran in Antiquity and Late Antiquity
- Archaeology of the Ancient World (MAAW)
- Sociology - European Societies
- North American Studies
- Global History

훔볼트 종합대 Humboldt Uni

- Integrated Natural Resource Management (INRM)
- British Studies
- Business Administration
- Economics
- Economics and Management Science (MEMS)

프라이부르크 종합대 Uni Freiburg

해당되는 문과계열 전공 없음.

튀빙엔 종합대 Uni Tübingen

해당되는 문과계열 전공 없음.

함부르크 종합대 Uni Hamburg

- Master International Business and Sustainability (MIBAS)
- Economics
- Politics, Economics and Philosophy
- Manuscript Cultures

본 종합대 Uni Bonn

- Agricultural and Food Economics MSc (AFECO)
- Agricultural Science and Resource Management in the Tropics and Subtropics (ARTS)
- Dependency and Slavery Studies
- Geography of Environmental Risks and Human Security
- Applied Linguistics
- North American Studies
- Organismic Biology, Evolutionary Biology and Palaeobiology (OEP-Biology)
- Economics
- Ecumenical Studies
- Slavery Studies

쾰른 종합대 Uni Köln

- Business Administration
- Culture and Environment in Africa
- Economics
- Economic Research
- International Management (CEMS MIM)
- Social and Economic Psychology
- Political Science
- Sociology and Social Research

프랑크푸르트 종합대 Uni Frankfurt am Main

- International Management
- International Economics and Economic Policy
- Master of Science with Tracks in Accounting, Quantitative Economics,

Quantitative Finance and Quantitative Marketing (MSQ)
- Modern East Asian Studies (MEAS)
- Money and Finance (MSc)
- Interdisciplinary Neuroscience (INS)
- Science and Technology Studies - Economies, Governance, Life
- Evolution, Ecology and Systematics
- Economics

예나 종합대 Uni Jena

- English Studies / American Studies
- International Organisations and Crisis Management

보훔 종합대 Uni Bochum

- Development Management
- Ethics - Economics, Law and Politics
- Theoretical Philosophy
- Religious Studies

만하임 종합대 Uni Mannheim (유료과정)

- Management
- Political Science
- Sociology
- Comparative Business Law (MCBL)
- Economics

콘스탄츠 종합대 Uni Konstanz (유료과정)

- Economics

- Multilingualism
- Speech and Language Processing
- Linguistics
- Social and Economic Data Science (SEDS - Master of Science)

바이로이트 종합대 Uni Bayreuth

- African Verbal and Visual Arts: Languages, Literatures, Media and Art
- Environmental Geography
- Economics
- Global Change Ecology
- European Interdisciplinary Master in African Studies (EIMAS)
- Global History
- History & Economics
- Intercultural Anglophone Studies
- Philosophy & Economics (P&E)

빌레펠트 종합대 Uni Bielefeld

- British and American Studies
- Ecology and Environmental Change
- World Studies: Orders, Politics, Cultures
- Sociology

BACHELOR

입학이 쉬운 유명대학 학사 및 국가고시과정

NC는 Numerus Clausus의 약자로, 인원제한을 뜻합니다. 독일대학 과정 중 절반 정도가 인원제한을 하지 않으며, 일반적인 지원자격이 있을 경우 입학이 매우 쉬운 편입니다. 인원제한을 하지 않더라도 학교 자체전형이 있다면 해당 조건도 충족해야 하기 때문에 주의를 요합니다. 이러한 경우는 학과명 끝에 별표(*)를 표기하였습니다. 인원제한학과 중 학사과정만 선별하였습니다.

학과명 및 인원제한 여부는 시기별로 다를 수 있습니다.

하이델베르크 종합대 Uni Heidelberg

- 이집트학 Ägyptologie
- 고대사 Alte Geschichte
- 미국학 American Studies
- 아시리아학 Assyrologie
- 교육학 Bildungswissenschaft
- 비잔틴 고고학 및 미술사 Byzantinische Archäologie und Kunstgeschichte
- 기독교 및 문화 Christentum und Kultur
- 컴퓨터언어학 Computerlinguistik
- 경제학 Economics
- 민족학 Ethnologie
- 유럽문화사 Europäische Kunstgeschichte
- 개신교학 Evangelische Theologie
- 지리학 Geographie
- 지구과학 Geowissenschaften

- 독문학 Germanistik
- 비교문화에서 독문학 Germanistik im Kulturvergleich
- 역사학 Geschichte
- 그리스어학(고전언어학) Griechisch (Klassische Philologie)
- 역사기초과학 Historische Grundwissenschaften
- 이슬람학 Islamwissenschaft (Islamic Studies)
- 일본학 Japanologie
- 유대학 Jüdische Studien
- 고전고고학 Klassische Archäologie
- 동아시아 미술사 Kunstgeschichte Ostasiens
- 라틴어학(고전언어학) Latein (Klassische Philologie)
- 수학 Mathematik
- 음악학 Musikwissenschaft
- 동아시아학 Ostasienwissenschaften
- 동유럽 및 동부중앙유럽학 Osteuropa und Ostmitteleuropastudien
- 철학 Philosophie
- 종교학 Religionswissenschaft
- 로만학 Romanistik
- 셈어학 Semitistik
- 슬라브어학 Slavistik
- 사회학 Soziologie
- 남아시아학 Südasienstudien
- 번역학 Übersetzungswissenschaft
- 선사시대 및 초기역사학 Ur- und Frühgeschichte
- 중동 고고학 Vorderasiatische Archäologie

뮌헨 종합대 LMU München

- 이집트학과 콥트학 Ägyptologie und Koptologie
- 일반, 비교문학학 Allgemeine und Vergleichende Literaturwissenschaft
- 고대 동양학 Alter Orient

- 영문학 Anglistik*
- 고대와 동양 Antike und Orient
- 고고학: 유럽과 근동 Archäologie: Europa und Vorderer Orient
- 도서학 Buchwissenschaft*
- 불교학 및 남아시아학 Buddhistische und Südasiatische Studien
- 고전학 Classical Studies*
- 컴퓨터언어학 Computerlinguistik*
- 독일어 Deutsch
- 외국어로서로의 독일어 Deutsch als Fremdsprache*
- 제 2외국어로서의 독일어 Deutsch als Zweitsprache
- 제 2외국어로서의 독일어 교육 Didaktik des Deutschen als Zweitsprache
- 디지털인문학-언어학 Digital Humanities - Sprachwissenschaften
- 경험문화학 및 유럽민족학 Empirische Kulturwissenschaft und Europäische Ethnologie
- 영어 Englisch*
- 윤리학 Ethik
- 민족학 Ethnologie
- 개신교 종교이론 Evangelische Religionslehre
- 핀우그리아어 Finnougristik
- 불어 Französisch
- 외국어자격 Fremdsprachliche Qualifikation
- 청각장애교육학 Gehörlosenpädagogik
- 정신장애교육학 Geistigbehindertenpädagogik
- 지리학 Geographie
- 독문학 Germanistik
- 역사 Geschichte
- 그리스철학 Griechische Philologie
- 초등교육학 Grundschuldidaktik
- 역사 및 일반언어학 Historische und Allgemeine Sprachwissenschaft
- 컴퓨터공학 및 컴퓨터언어학 Informatik plus Computerlinguistik*
- 이탈리아학 Italianistik

- 이탈리아어 Italienisch
- 일본학 Japanologie
- 카논법 Kanonisches Recht
- 가톨릭 종교학 Katholische Religionslehre
- 미술 Kunst*
- 미술과 멀티미디어 Kunst und Multimedia*
- 미술사 Kunstgeschichte*
- 미술교육학 Kunstpädagogik*
- 라틴어 Latein
- 라틴학 Latinistik
- 학습장애교육학 Lernbehindertenpädagogik
- 미디어교육학 Medienpädagogik
- 기상학 Meteorologie
- 중등교육학 Mittelschuldidaktik
- 음악 Musik*
- 음악학 Musikwissenschaft*
- 중동학 Naher und Mittlerer Osten
- 북미학 Nordamerikastudien
- 정통신학 Orthodoxe Theologie
- 교육학 Pädagogik / Bildungswissenschaft
- 자폐스펙트럼장애 교육학 Pädagogik bei Autismus-Spektrum-Störungen
- 행동장애 교육학 Pädagogik bei Verhaltensstörungen
- 철학 Philosophie*
- 철학/ 윤리학 Philosophie/Ethik
- 음성학 및 언어처리 Phonetik und Sprachverarbeitung
- 정치학과 사회 Politik und Gesellschaft
- 정치학 Politikwissenschaft
- 폴란드어 Polnisch
- 청력장애에서 예방, 포함 및 재활 Prävention, Inklusion und Rehabilitation bei Hörschädigung
- 종교학 Religionswissenschaft

- 로만어학 Romanistik
- 러시아어 Russisch
- 청각장애교육학 Schwerhörigenpädagogik
- 중국학 Sinologie
- 스칸디나비아학 Skandinavistik
- 슬라브어학 Slavistik
- 사회학 Soziologie*
- 스페인어 Spanisch
- 언어치료교육학 Sprachheilpädagogik
- 통계 및 데이터사이언스 Statistik und Data Science
- 연극학 Theaterwissenschaft
- 체코어 Tschechisch
- 터키어 Türkisch
- 경제학 Volkswirtschaftslehre*

베를린 자유대 FU Berlin

- 고대학 Altertumswissenschaften*
- 응용 북미학 Angewandte Nordamerikastudien*
- 중국학/ 동아시아학 Chinastudien / Ostasienwissenschaften
- 프랑스학 Frankreichstudien
- 프랑스어학 Französische Philologie
- 갈리시아어와 문화 Galicische Sprache und Kultur
- 지질학 Geologische Wissenschaften
- 중동의 역사와 문화 Geschichte und Kultur des Vorderen Orients
- 그리스어학 Griechische Philologie
- 이탈리아어학 Italienische Philologie
- 이탈리아학 Italienstudien
- 유대학 Judaistik
- 가톨릭종교학 Katholische Theologie
- 라틴어 Latein
- 라틴어학 Lateinische Philologie

- 네오그라시즘 Neogräzistik
- 언어-문학-문화: 네덜란드어 Sprache - Literatur - Kultur: Niederländisch

훔볼트 종합대 Humboldt Uni

- 북아프리카의 고고학과 문화사 Archäologie und Kulturgeschichte Nordostafrikas
- 개신교학 Evangelische Theologie
- 프랑스어 Französisch
- 그리스어 Griechisch
- 초등교육학 Grundschulpädagogik
- 역사언어학 Historische Linguistik
- 이슬람종교학 Islamische Theologie
- 이탈리아어 Italienisch
- 가톨릭종교학 Katholische Theologie
- 고전고고학 Klassische Archäologie
- 라틴어 Latein
- 아시아/아프리카 종교학 Regionalstudien Asien/Afrika
- 러시아어 Russisch
- 사회, 과학 및 생활 교육 Sachunterricht
- 슬라브어 및 문학 Slawische Sprachen und Literaturen
- 스페인어 Spanisch
- 헝가리 문학과 문화 Ungarische Literatur und Kultur

프라이부르크 종합대 Uni Freiburg

- 고대학 Altertumswissenschaften*
- 고고학 Archäologische Wissenschaften
- 중국어 Chinesisch
- 독일어 Deutsch
- 독어독문학 Deutsche Sprach- und Literaturwissenschaft
- 영어 Englisch*

- 영어와 미국학/ 영문학과 미국학 English and American Studies / Anglistik und Amerikanistik*
- 민족학 Ethnologie
- 프랑스어문학 및 미디어문화 FrankoMedia: Französische Sprache, Literatur und Medienkultur
- 프랑스어 Französisch
- 독일-프랑스 관점에서 바라 본 독문학 Germanistik aus deutsch-französischer Perspektive*
- 역사 Geschichte
- 이베로문화: 스페인어, 스페인어문학과 문화 IberoCultura: Spanische Sprache, Literatur und Kultur
- 이슬람학 Islamwissenschaft
- 이탈리아어 Italienisch
- 유대학 Judaistik
- 가톨릭-종교연구 Katholisch -Theologische Studien
- 가톨릭종교학 Katholische Theologie*
- 문화인류학과 유럽민족학 Kulturanthropologie und Europäische Ethnologie
- 미술사 Kunstgeschichte
- 라틴어 Latein
- 음악학 Musikwissenschaft
- 지속가능한 기술시스템 Nachhaltige Technische Systeme / Sustainable Systems Engineering*
- 근현대사 Neuere und Neueste Geschichte
- 로마어 Romanistik*
- 러시아어 Russisch
- 중국학 Sinologie
- 스칸디나비아학 Skandinavistik
- 슬라브학 Slavistik
- 스페인어 Spanisch
- 경제학 Volkswirtschaftslehre
- 중동고고학 Vorderasiatische Altertumskunde

튀빙엔 종합대 Uni Tübingen

- 이집트학 Ägyptologie
- 일반수사학 Allgemeine Rhetorik
- 일반언어학 Allgemeine Sprachwissenschaft
- 동양고대철학 Altorientalische Philologie
- 영문학/ 미국학 Anglistik / Amerikanistik
- 중국어 Chinesisch
- 컴퓨터언어학 Computerlinguistik / Computational Linguistics
- 제 2외국어로서의 독일어/ 언어진단 및 언어지원 Deutsch als Zweitsprache: Sprachdiagnostik und Sprachförderung
- 독일어 Deutsch
- 경제학 및 경영학 Economics and Business Administration
- 교육학과 사회복지/평생교육 Erziehungswissenschaft und Soziale Arbeit/ Erwachsenenbildung
- 민족학 Ethnologie
- 개신교학 Evangelische Theologie
- 프랑스어 Französisch
- 지리학 Geographie
- 지리생태학 Geoökologie
- 독문학 Germanistik
- 역사 Geschichte
- 역사학 Geschichtswissenschaft
- 그리스어 Griechisch
- 미국학 Interdisziplinäre Amerikastudien
- 国제경영학 International Business Administration
- 国제문학 Internationale Literaturen
- 이슬람종교학 Islamische Religionslehre
- 이탈리아어 Italienisch
- 일본학 Japanologie
- 유대학 Judaistik

- 가톨릭종교학 Katholische Theologie
- 고전고고학 Klassische Archäologie
- 인지과학 Kognitionswissenschaft
- 미술사 Kunstgeschichte
- 라틴어 Latein
- 남미학 Lateinamerikastudien
- 미디어학 Medienwissenschaften
- 음악학 Musikwissenschaft
- 고인류학 Paläoanthropologie
- 철학 Philosophie
- 철학/ 윤리학 Philosophie / Ethik
- 정치학 Politikwissenschaft
- 포르투칼어 Portugiesisch
- 심리학 Psychologie
- 러시아어 Russisch
- 중국학/ 중국연구 Sinologie / Chinese Studies
- 스칸디나비아학: 중세학 위주 Skandinavistik: Schwerpunkt Mediävistik
- 슬라브학 Slavistik
- 사회교육학/ 교육학과 일반교양과목 Sozialpädagogik/Pädagogik und allgemeinbildendes Fach
- 사회학 Soziologie
- 스페인어 Spanisch
- 체육학 Sportwissenschaft
- 근동아시아 언어, 역사 및 문화 (이슬람학) Sprache, Geschichte und Kulturen des Nahen Ostens (Islamwissenschaft)
- 선사 및 초기 역사 고고학 및 중세시대 고고학 Ur- und Frühgeschichtliche Archäologie und Archäologie des Mittelalters
- 경제학 Volkswirtschaftslehre
- 중동고고학 및 팔레스타인 고고학 Vorderasiatische Archäologie und Palästina-Archäologie

함부르크 종합대 Uni Hamburg

- 아프리카언어 및 문화 비교 Afrikanische Sprachen und Kulturen im Vergleich
- 핀우-그리아어 Finnougristik
- 프랑스어 Französisch
- 중동의 역사, 언어 및 문화 Geschichte, Sprachen und Kulturen des Vorderen Orients
- 이탈리아어 Italienisch
- 고전언어학 Klassische Philologie
- 신그리스학과 비잔틴학 Neogräzistik und Byzantinistik
- 포르투갈어 Portugiesisch
- 슬라브학 Slavistik
- 인도와 티벳 언어와 문화 Sprachen und Kulturen Indiens und Tibets
- 동남아시아 언어와 문화 Sprachen und Kulturen Südostasiens

본 종합대 Uni Bonn

- 고대아메리카학과 민족학 Altamerikanistik und Ethnologie
- 고고학 Archäologien
- 아시아, 이슬람 미술사 Asiatische und Islamische Kunstgeschichte
- 아시아학 Asienwissenschaften
- 화학 Chemie
- 독일어-불어 연구 Deutsch-Französische Studien
- 독일어-이탈리아어 연구 Deutsch-Italienische Studien
- 개신교 종교학 Evangelische Religionslehre
- 개신교 신학과 해석학 Evangelische Theologie und Hermeneutik
- 프랑스어 Französisch
- 프랑스학 Französistik
- 지리측량과 지리정보학 Geodäsie und Geoinformation
- 지구과학 Geowissenschaften
- 독문학 Germanistik

- 독문학, 비교문학과 문화학 Germanistik, Vergleichende Literatur- und Kulturwissenschaft
- 역사학 Geschichte
- 그리스어 Griechisch
- 고대 그리스문학과 영향 Griechische Literatur der Antike und ihr Fortleben
- 스페인학 Hispanistik
- 이탈리아학 Italianistik
- 이탈리아어 Italienisch
- 가톨릭 종교학 Katholische Religionslehre
- 가톨릭 신학 Katholische Theologie
- 비교문학 Komparatistik
- 미술사 Kunstgeschichte
- 라틴아메리카학 및 고대아메리카학 Lateinamerika- und Altamerikastudien
- 고대로마문학 및 영향 Lateinische Literatur der Antike und ihr Fortleben
- 시장과 소비 Markt und Konsum
- 몽골어 Mongolisch
- 몽골학 Mongolistik
- 철학 Philosophie
- 로마학 Romanistik
- 스칸디나비아학 Skandinavistik
- 스페인어 Spanisch
- 남아시아학 Südasienwissenschaft
- 동남아시아학 Südostasienwissenschaft
- 티벳학 Tibetologie
- 동물학(사육) Tierwissenschaften (Tierhaltung)
- 비교종교학 Vergleichende Religionswissenschaft
- 농업 경제학 및 사회학 Wirtschafts- und Sozialwissenschaften des Landbaus

쾰른 종합대 Uni Köln

- 고고학 Archäologie
- 교육학 Bildungswissenschaften

- 개신교 종교학 Evangelische Religionslehre
- 가톨릭 종교학 Katholische Religionslehre
- 미술 Kunst*
- 음악 Musik*
- 네덜란드어 Niederländisch*
- 네덜란드학 Niederlandistik*
- 러시아어 Russisch*
- 스칸디나비아학/ 핀란드학 Skandinavistik / Fennistik*
- 슬라브학 Slavistik*
- 아프리카 언어와 문화 Sprachen und Kulturen Afrikas*
- 이슬람 언어와 문화 Sprachen und Kulturen der islamischen Welt*

프랑크푸르트 종합대 Uni Frankfurt am Main

- 아프리카 언어, 미디어와 커뮤니케이션 Afrikanische Sprachen, Medien und Kommunikation
- 일반, 비교문학 Allgemeine und vergleichende Literaturwissenschaft
- 미국학 American Studies
- 고고학 Archäologische Wissenschaften
- 실증언어학 Empirische Sprachwissenschaften
- 영어학 English Studies
- 민족학 Ethnologie
- 개신교 종교학/신학 석사 Evangelische Theologie / Magister Theologia
- 지리학 Geographie
- 독문학 Germanistik
- 역사학 Geschichte
- 그리스철학 Griechische Philologie
- 이슬람연구 Islamische Studien
- 일본학 Japanologie
- 유대학 Judaistik
- 가톨릭 신학 Katholische Theologie
- 미술사 Kunstgeschichte

- 라틴어학 Lateinische Philologie
- 음악학 Musikwissenschaft
- 철학 Philosophie
- 종교학 Religionswissenschaft
- 로마학 Romanistik
- 중국학 Sinologie
- 스칸디나비아학 Skandinavistik
- 동남아시아 언어와 문화 Sprachen und Kulturen Südostasiens

예나 종합대 Uni Jena

- 고대사학 Altertumswissenschaften
- 영문학/미국학 Anglistik / Amerikanistik
- 아라비아학 Arabistik
- 원시, 선사시대 고고학 Archäologie der Ur- und Frühgeschichte
- 생물지구과학 Biogeowissenschaften
- 문화, 역사, 교육에서의 기독교 Christentum in Kultur, Geschichte und Bildung
- 독일어 Deutsch
- 외국어, 제2외국어로서의 독일어 Deutsch als Fremd- und Zweitsprache
- 영어 Englisch
- 윤리학 Ethik
- 개신교 종교학 Evangelische Religionslehre
- 개신교 신학 Evangelische Theologie
- 프랑스어 Französisch
- 지리학 Geographie
- 독문학 Germanistik
- 역사학 Geschichte
- 그리스어 Griechisch
- 인도게르만어학 Indogermanistik
- 가톨릭 종교학 Katholische Religionslehre
- 미술교육학 Kunsterziehung*

- 미술사 및 영화학 Kunstgeschichte und Filmwissenschaft
- 라틴어 Latein
- 음악 Musik*
- 음악학 Musikwissenschaft
- 철학 Philosophie
- 정치학 Politikwissenschaft
- 종교학: 역대, 현대 세계종교 Religionswissenschaft: Weltreligionen in Geschichte und Gegenwart
- 로마학 Romanistik
- 러시아어 Russisch
- 슬라브어학 Slawistik
- 사회교육 Sozialkunde
- 사회학 Soziologie
- 스페인어 Spanisch
- 중동 언어와 문화 Sprachen und Kulturen des Vorderen Orients
- 동남유럽학 Südosteuropastudien
- 민속학과 문화사학 Volkskunde und Kulturgeschichte
- 경제와 언어 Wirtschaft und Sprachen
- 경제학/ 법학 Wirtschaftslehre / Recht
- 경제학 Wirtschaftswissenschaften

보훔 종합대 Uni Bochum

- 고고학 Archäologische Wissenschaften
- 개신교 신학 Evangelische Theologie
- 역사학 Geschichte
- 일본학 Japanologie
- 가톨릭 신학 Katholische Theologie
- 고전철학 Klassische Philologie
- 한국학 Koreanistik
- 미술사 Kunstgeschichte
- 종교학 Religionswissenschaft

- 로마철학 Romanische Philologie
- 러시아문화 Russische Kultur
- 중국학 Sinologie
- 슬라브철학 Slavische Philologie
- 동아시아 언어와 문화 Sprachen und Kulturen Ostasiens
- 동아시아 경제와 철학 Wirtschaft und Politik Ostasiens

만하임 종합대 Uni Mannheim

- 이탈리아어 Italienisch
- 로마 언어, 문학과 미디어 Romanische Sprachen, Literaturen und Medien

콘스탄츠 종합대 Uni Konstanz

- 영국과 미국연구 British and American Studies (BAST)
- 독문학 Deutsche Literatur
- 프랑스어 Französisch
- 프랑스학 Französische Studien
- 역사학 Geschichte
- 이탈리아어 Italienisch
- 고대문화학 Kulturwissenschaft der Antike
- 라틴어 Latein
- 문학-미술-미디어 Literatur-Kunst-Medien
- 철학/윤리학 Philosophie / Ethik
- 철학 Philosophie
- 러시아어 Russisch
- 슬라브어문학 Slavistik - Literaturwissenschaft
- 스페인어 Spanisch
- 스페인학 Spanische Studien

바이로이트 종합대 Uni Bayreuth

- 아프리카의 구술적 및 시각적 예술: 언어, 문학, 미디어와 예술 African Verbal and Visual Arts: Languages, Literatures, Media and Art
- 영문학/ 미국학 Anglistik / Amerikanistik*
- 아라비아학 Arabistik
- 경영학 Betriebswirtschaftslehre (BWL)
- 독일어 Deutsch
- 경제학 Economics*
- 영어 Englisch
- 교육학: 유럽의 교육 Erziehungswissenschaft: Bildung in Europa - Education in Europe
- 민족학 Ethnologie
- 역사학 Geschichte
- 비교독문학 Interkulturelle Germanistik
- 국제경제와 개발 Internationale Wirtschaft und Entwicklung*
- 지리학 Geographie
- 아프리카 지리학적 발전연구 Geographische Entwicklungsforschung Afrikas*
- 독문학 Germanistik
- 건강경제학 Gesundheitsökonomie*
- 다문화연구 Interkulturelle Studien
- 이슬람학 Islamwissenschaft
- 문화와 사회 Kultur und Gesellschaft
- 아프리카 문화와 사회 Kultur und Gesellschaft Afrikas*
- 언어학 Linguistik
- 미디어학과 실무 Medienwissenschaft und Medienpraxis*
- 오페라학 Musiktheaterwissenschaft*
- 철학과 경제학 Philosophy & Economics*
- 법과 경제학 Recht und Wirtschaft
- 법학 Rechtswissenschaft

- 종교학 Religionswissenschaft
- 사회문화인류학 Sozial- und Kulturanthropologie
- 사회학 Soziologie
- 연극과 미디어 Theater und Medien*
- 경제학 Wirtschaftswissenschaften

빌레펠트 종합대 Uni Bielefeld

- 영문학: 영국과 미국연구 Anglistik: British and American Studies
- 미학교육 Ästhetische Bildung
- 회화 및 미술사 Bild- und Kunstgeschichte
- 외국어 및 제2외국어로서의 독일어 Deutsch als Fremd- und Zweitsprache
- 개신교 신학 Evangelische Theologie
- 프랑스어 Französisch
- 독문학 Germanistik
- 지구과학 Geschichtswissenschaft
- 미술 Kunst
- 라틴어 Latein
- 언어학 Linguistik
- 음악 Musik
- 철학 Philosophie
- 정치학 Politikwissenschaft
- 사회, 과학 및 생활 교육 Sachunterricht
- 사회과학 Sozialwissenschaften
- 스페인어 Spanisch
- 언어기초교육 Sprachliche Grundbildung
- 과학철학 Wissenschaftsphilosophie

05 의학 및 체육계열 유학

의학 및 체육계열 유학 목차

QS 세계대학 랭킹 137
CHE 독일대학 랭킹 140
의과, 체육학 계열 주요대학 142
지원일정 및 절차 156
영어로 배울 수 있는 무료 석사과정 157
입학이 쉬운 유명대학 학사 및 국가고시과정 160

QS 세계대학 랭킹

(의학과/2022년)

하이델베르크 종합대 29위
뮌헨 종합대 44위
뮌헨 공대 59위
베를린 샤리테 의대 68위
함부르크 종합대 124위
튀빙엔 종합대 125위
프라이부르크 종합대 135위
프랑크푸르트 종합대 138위

QS 세계대학 랭킹

(약학과/2022년)

하이델베르크 종합대..........................29위
뮌헨 종합대......................................49위
프랑크푸르트 종합대..........................68위
하이델베르크 종합대..........................73위
베를린 자유대..................................75위
마인츠 종합대..................................97위

QS 세계대학 랭킹

(치의학과/2022년)

프라이부르크 종합대.....................51-70위
뮌헨종합대..................................51-70위
본 종합대....................................51-70위

QS 세계대학 랭킹

(수의학과/2022년)

뮌헨 종합대.....................................28위
베를린 자유대.................................49위

QS 세계대학 랭킹

(체육학과/2022년)

하이델베르크 종합대..................51-100위
훔볼트 종합대..........................101-130위

CHE 독일대학 랭킹 (2022년)

12만여 명의 재학생과 3천여 명의 강사진 대상 설문을 통해 집계되었으며, 전반적인 학업환경, 학생들 케어수준, 실습환경, 졸업까지 걸리는 시간, 커리큘럼의 실용성, 연구비와 연구명성 등에서 좋은 평가를 받은 추천대학들입니다.

의학

- Uni Heidelberg
- LMU München
- TU München
- Uni Münster

약학

- TU Braunschweig
- Uni Erlangen-Nürnberg
- Uni Greifswald
- Uni Heidelberg
- Uni Kiel
- Uni Würzburg

치의학

- Uni Greifswald
- Uni Marburg

수의학

집계대상 아님.

체육학

- Uni Bayreuth
- Uni Bochum
- Uni Freiburg

의과, 체육학계열 주요대학

독일의 의학, 약학, 치의학, 수의학 및 체육학 계열 주요 대학을 소개합니다.

하이델베르크 루프레히트 카를스 종합대학교

학교명	Ruprecht-Karls-Universität Heidelberg
홈페이지	www.uni-heidelberg.de
주명	Baden-Württemberg
도시명	Heidelberg
학생수	28,448명
외국인 학생	17.2%
설립년도	1386년
등록금	1,500유로/학기
랭킹[18]	2위
엘리트대학[19]	예
의료-체육계열 학과	의학, 의료컴퓨터공학, 의공학, 약학, 치의학, 생의료공학, 노인학 및 건강과 관리, 남아시아의 건강과 사회, 국제보건, 의료생명, 의료 바이오메트리/생물 통계학, 의학교육, 의료컴퓨터공학, 의공학, 체육학
과정수	학사 69개, 석사 95개

---

18) 2022년 QS 세계대학랭킹 중 독일대학만 추린 순위입니다.
19) 2019년도 선정기준. 아헨 공대, 베를린 3개 대학 연합체(베를린 자유대학, 훔볼트 대학, 베를린 공대), 본 종합대, 드레스덴 공대, 함부르크 종합대, 하이델베르크 종합대, 카를스루에 공대, 콘스탄츠 종합대, 뮌헨 종합대, 뮌헨 공대, 튀빙엔 종합대 (알파벳순)

 뮌헨 루드비히 막시밀리안 종합대학교

학교명	Ludwig-Maximilians-Universität München
홈페이지	www.lmu.de
주명	Bayern
도시명	München
학생수	51,007명
외국인 학생	19.0%
설립년도	1472년
등록금	무료
랭킹	3위
엘리트대학	예
의료-체육계열 학과	의학, 제약학, 약학, 청력손상예방, 포용 및 재활, 언어치료, 수의학, 치의학, 국제보건, 제약학, 공중보건, 동물보건경영
과정수	학사 82개, 석사 124개

CHARITÉ 베를린 샤리테 의대

학교명	Charité - Universitätsmedizin Berlin
홈페이지	www.charite.de
주명	Berlin
도시명	Berlin
학생수	8,797명
외국인 학생	21.1%
설립년도	1710년
등록금	무료
랭킹	-
엘리트대학	아니오
의료-체육계열 학과	의학, 치의학, 건강학, 간호학, 응용산파학, 공중보건, 보건직업교육, 역학, 국제보건, 의료신경과학, 분자의학
과정수	학사 3개, 석사 8개

 # 베를린 자유 종합대학교

학교명	Freie Universität Berlin
홈페이지	www.fu-berlin.de
주명	Berlin
도시명	Berlin
학생수	37,149명
외국인 학생	20.8%
설립년도	1948년
등록금	무료
랭킹	4위
엘리트대학	예
의료-체육계열 학과	약학, 수의학, 응용역학, 뇌혈관의학, 인지신경과학, 보건직업교육, 공중보건, 의학, 분자의학, 제약학, 독물학
과정수	학사 123개, 석사 101개

 # 뮌헨 공대

학교명	Technische Universität München
홈페이지	www.tum.de
주명	Bayern
도시명	München
학생수	47,047명
외국인 학생	38.1%
설립년도	1868년
등록금	무료
랭킹	1위
엘리트대학	예
의료-체육계열 학과	건강학, 보건학(예방 및 건강증진), 의학, 의공학 및 보조시스템, 영양 및 생의학, 약제학적 바이오 프로세스 기술
과정수	학사 51개, 석사 104개

# 프라이부르크 알버트 루드비히 종합대학교

학교명	Albert-Ludwigs-Universität Freiburg im Breisgau
홈페이지	www.uni-freiburg.de
주명	Baden-Württemberg
도시명	Freiburg
학생수	23,938 명
외국인 학생	17.7%
설립년도	1457년
등록금	1,500유로/학기
랭킹	9위
엘리트대학	아니오
의료-체육계열 학과	의학, 분자의학, 간호학, 제약학, 약학, 치의학, 위생학, 완화치료, 체육학,
과정수	학사 87개, 석사 108개

 튀빙엔 에버하르트 카를스 종합대학교

학교명	Eberhard Karls Universität Tübingen
홈페이지	www.uni-tuebingen.de
주명	Baden-Württemberg
도시명	Tübingen
학생수	27,828명
외국인 학생	13.9%
설립년도	1477년
등록금	1,500유로/학기
랭킹	10위
엘리트대학	예
의료-체육계열 학과	생물의료공학, 세포 및 분자신경과학, 산파학, 산파학과 여성건강, 의학, 의료방사선학, 의공학, 분자의학, 분자세포생물학 및 면역학, 간호학, 약학, 치의학
과정수	학사 102개, 석사 130개

 프랑크푸르트 요한 볼프강 괴테 종합대학교

학교명	Johann Wolfgang Goethe-Universität, Frankfurt am Main
홈페이지	www.uni-frankfurt.de
주명	Hessen
도시명	Frankfurt
학생수	43,461명
외국인 학생	15.1%
설립년도	1914년
등록금	무료
랭킹	18위
엘리트대학	아니오
의료-체육계열 학과	산파학, 신경과학, 약물연구, 의학, 분자의학, 치공학, 심미치의학, 임플란트학, 제약경영학, 약학, 체육학
과정수	학사 75개, 석사 90개

03 무엇을 공부할까? 149

그라이프스발트 에른스트 모리츠 아른트 종합대학교

학교명	Universität Greifswald
홈페이지	www.uni-greifswald.de
주명	Mecklenburg-Vorpommern
도시명	Greifswald
학생수	10,366명
외국인 학생	8.1%
설립년도	1456년
등록금	무료
랭킹	-
엘리트대학	아니오
의료-체육계열 학과	의생명과학, 임상치의학 CAD/CAM, 디지털치공학, 건강케어경영, 의학, 감염생물학 및 면역학, 소아치과, 임상간호학, 의물리학(영상 및 치료), 약학, 치의학, 치과 미학과 기능, 치과 기능 분석 및 기능치료, 치과보철
과정수	학사 35개, 석사 35개

 # 바이로이트 종합대학교

학교명	Universität Bayreuth
홈페이지	www.uni-bayreuth.de
주명	Bayern
도시명	Bayreuth
학생수	12,773명
외국인 학생	14.4%
설립년도	1972년
등록금	무료
랭킹	33위
엘리트대학	아니오
의료-체육계열 학과	건강케어경영, 식품학과 건강학, 체육학, 스포츠경영, 스포츠경제학, 스포츠법, 스포츠기술
과정수	학사 87개, 석사 86개

 보훔 루르 종합대학교

학교명	Ruhr-Universität Bochum
홈페이지	www.ruhr-uni-bochum.de
주명	Nordrhein-Westfalen
도시명	Bochum
학생수	42,089명
외국인 학생	16.2%%
설립년도	1962년
등록금	무료
랭킹	23위
엘리트대학	아니오
의료-체육계열 학과	의학, 의물리학, 체육학
과정수	학사 55개, 석사 104개

쾰른 독일 체육대학교

학교명	Deutsche Sporthochschule Köln
홈페이지	www.dshs-koeln.de
주명	Nordrhein-Westfalen
도시명	Köln
학생수	5,808명
외국인 학생	8.8%
설립년도	1947년
등록금	무료
랭킹	-
엘리트대학	아니오
의료-체육계열 학과	엘리트체육의 리더십과 관리, 스포츠와 의학의 휴먼테크놀로지, 국제스포츠 개발과 정치학, 엘리트체육 수행/트레이닝과 코칭, 올림픽 연구, 스포츠 및 운동의 심리학, 재활/예방 및 건강관리, 체육학, 스포츠/운동 및 영양, 스포츠저널리즘, 스포츠경영, 스포츠경영 및 스포츠커뮤니케이션, 스포츠/미디어 및 커뮤니케이션연구, 스포츠심리학, 체육법, 스포츠관광 및 목적지관리, 스포츠와 노인운동학, 여가 및 대중스포츠에서의 스포츠 및 운동교육, 예방 및 치료에서의 스포츠와 건강, 스포츠와 수행능력, 무용(교육, 연구, 실기)
과정수	학사 6개, 석사 17개

 라이프치히 종합대학교

학교명	Universität Leipzig
홈페이지	www.uni-leipzig.de
주명	Sachsen
도시명	Leipzig
학생수	29,579명
외국인 학생	10.6%
설립년도	1409년
등록금	무료
랭킹	27위
엘리트대학	아니오
의료-체육계열 학과	산파학, 국제스포츠개발, 의학, 의컴퓨터공학, 체육학, 스포츠경영, 체육학(엘리트체육에서 진단 및 개입), 체육학(예방 및 재활), 수의학, 치의학
과정수	학사 90개, 석사 81개

# 본 프리드리히 빌헬름 종합대학교

학교명	Rheinische Friedrich-Wilhelms-Universität Bonn
홈페이지	www.uni-bonn.de
주명	Nordrhein-Westfalen
도시명	Bonn
학생수	36,805명
외국인 학생	15.1%
설립년도	1818년
등록금	무료
랭킹	14위
엘리트대학	예
의료-체육계열 학과	약물연구, 의약품규제업무, 의학, 분자 생의학, 신경과학, 약학, 체육학, 동물학, 치의학
과정수	학사 85개, 석사 100개

지원일정 및 절차

TIMELINE

2~3월	4월	5~7월	8~9월	10월	10~1월
여름학기 합격자 발표	여름학기 시작	겨울학기 원서접수	겨울학기 합격자 발표	겨울학기 시작	여름학기 원서접수

독일대학들은 보통 1년에 한 번, 10월에 개강합니다. 지원은 경우마다 다르지만 5월~7월 중순쯤에 마감되는 경우가 많은 편입니다. 10월에 개강하는 학기는 겨울학기라고 불리우며, 한국으로 치면 3월에 개강하는 것과 동일합니다. 간혹 4월에 여름학기가 개강하는 경우도 있습니다. 지원일정은 경우마다 다르지만 10월~1월 중순쯤에 마감되는 경우가 많은 편입니다. 수업언어가 독일어일 경우 흔히 독일에서 1~2년간의 독일어 연수를 선행한 후 대학에 입학하고, 수업언어가 영어일 경우 한국에서 대학입학허가서를 취득한 후 독일로 출국하는 편입니다. 참고로 국가고시과정(Staatsexamen)인 의학, 치의학, 약학, 수의학 등은 모두 독일어 과정입니다. 수업언어가 독일어일 경우 대학 부설어학원으로 먼저 지원하기도 하는데, 어학 후에 최종 지원할 학과가 인원제한을 하지 않는다면, 대학부설어학원을 마치고 특별한 어려움 없이 학과로 바로 입학하는 것도 가능합니다. 하지만 의치약학 및 수의학은 모두 전국적인 인원 제한학과이며, 한국과 마찬가지로 성적이 매우 높아야 입학이 가능하기 때문에 후술할 "독일대학 지원자격"만 검토하는 대학 부설어학원에 합격했다 하더라도 나중에 학과 입학이 보장되는 것은 아닙니다. 즉, 대학 부설어학원을 다니든 다니지 않든 학과 입학조건은 동일하므로 어학원 자체의 장단점을 비교하여 지원하면 됩니다. 최근 수십 년간 대학 부설어학원은 수업수준과 만족도, 초급반 제공 여부, 수업료, 편의성, 서비스, 시설, 국적분포 등의 기준에서 사설어학원에 못 미치는 경우가 많아 유학생들은 대부분 사설어학원을 다니고 있습니다.

MASTER

영어로 배울 수 있는 무료 석사과정

의사, 치과의사, 약사, 수의사가 되는 국가고시 과정인 의학, 치의학, 약학, 수의학 등은 모두 독일어로만 수업이 진행됩니다. 만일 영어로 수업을 원한다면 이러한 국가고시과정 아닌 일반 학사 혹은 석사과정으로 진학해야 합니다. 이 과정은 의사, 약사와 같은 자격증 취득이 불가능한 일반 학위과정입니다.

과정명과 등록금 유무는 시기에 따라 달라질 수 있습니다.

하이델베르크 종합대 Uni Heidelberg (유료과정)[20]

- International Health (MScIH)

뮌헨 종합대 LMU München

- Epidemiology
- Neurosciences

베를린 샤리테 의대 Charité

무료과정은 없음. 유료과정은 아래와 같음.
- Molecular Medicine
- International Health (MScIH)

---

[20] 하이델베르크, 만하임, 콘스탄츠 종합대가 속한 바덴뷔르템베르크 주는 전체 학과에서 등록금을 받기 때문에 무료과정이 아닙니다.

베를린 자유대 FU Berlin

- Cognitive Neuroscience Berlin (MCNB)
- Pharmaceutical Research / Pharmazeutische Forschung

뮌헨 공대 TU München

- Prevention and Health Promotion
- Sport and Exercise Science

프라이부르크 종합대 Uni Freiburg

- Biomedical Sciences (IMBS)
- Neuroscience

튀빙엔 종합대 Uni Tübingen

- Cellular & Molecular Neuroscience
- Medical Informatics
- Molecular Medicine

프랑크푸르트 종합대 Uni Frankfurt am Main

- Interdisciplinary Neuroscience (INS)

그라이프스발트 종합대 Uni Greifswald

없음

바이로이트 종합대 Uni Bayreuth

없음

보훔 종합대 Uni Bochum

- Cognitive Science
- Sport and Exercise Sciences for Health and Performance

쾰른 체육대 DSHS Köln

- Human Technology in Sports and Medicine
- International Sport Development and Politics
- Olympic Studies
- Psychology in Sport and Exercise
- Sport Management

라이프치히 종합대 Uni Leipzig

- Sport and Exercise Psychology

본 종합대 Uni Bonn

- Neurosciences
- Medical Immunosciences and Infection

BACHELOR

입학이 쉬운 유명대학 학사 및 국가고시과정

NC는 Numerus Clausus의 약자로, 인원제한을 뜻합니다. 독일대학 과정 중 절반 정도가 인원제한을 하지 않으며, 일반적인 지원자격이 있을 경우 입학이 매우 쉬운 편입니다. 인원제한을 하지 않더라도 학교 자체전형이 있다면 해당 조건도 충족해야 하기 때문에 주의를 요합니다. 이러한 경우는 학과명 끝에 별표(*)를 표기하였습니다. 인원제한학과 중 학사과정만 선별하였습니다.

학과명 및 인원제한 여부는 시기별로 다를 수 있습니다.

하이델베르크 종합대 Uni Heidelberg

- Sportwissenschaft

뮌헨 종합대 LMU München

- 청력 손상의 예방, 포함 및 재활 rävention, Inklusion und Rehabilitation bei Hörschädigung

베를린 샤리테 의대 Charité

없음.

베를린 자유대 FU Berlin

없음.

뮌헨 공대 TU München

- Medizin*
- Pharmazeutische Bioprozesstechnik
- Sportwissenschaft*

프라이부르크 종합대 Uni Freiburg

- Pflegewissenschaft*

튀빙엔 종합대 Uni Tübingen

- Kognitionswissenschaft
- Molekulare Medizin
- Sportwissenschaft

프랑크푸르트 종합대 Uni Frankfurt am Main

없음

그라이프스발트 종합대 Uni Greifswald

없음

바이로이트 종합대 Uni Bayreuth

- Lebensmittel- & Gesundheitswissenschaften*
- Sport*

보훔 종합대 Uni Bochum

없음

쾰른 체육대 DSHS Köln

없음

쾰른 체육대 DSHS Köln

- Hebammenkunde (dual)*

본 종합대 Uni Bonn

없음

06 직업 교육 (아우스빌둥, Ausbildung)

직업교육 목차

선호 직군 164
진행절차 및 조건 165
급여 167
현실적인 조언 170

AUSBILDUNG

직업교육은 기업에서의 실습교육과 직업학교에서의 이론교육이 결합된 독일 고유의 이원화 교육시스템이며, 정식 직원이 되기 전에 그 분야 및 직종에서 3~4년간 배우면서 숙련하는 과정입니다.

선호 직군

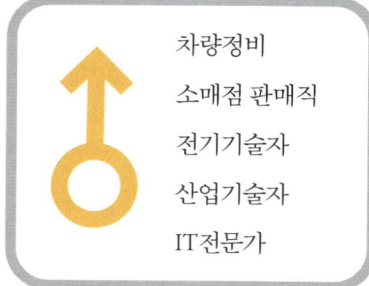

전체 선호 직군 TOP 10 및 연차별 월급

순위	직업명	1년차	2년차	3년차	4년차
1	사무관리 매니저	760€	810€	960€	-
2	차량 정비사	850€	900€	950€	1,000€
3	매장판매직	750€	835€	960€	-
4	요양관리사	1,140€	1,200€	1,300€	-
5	판매, 영업원	750€	835€	960€	-
6	산업관리요원	895€	950€	1020€	-
7	의료보조원	805€	850€	900€	-
8	IT전문가	890€	960€	1,025€	-
9	전기기술자	755€	805€	875€	930€
10	치위생사	740€	780€	830€	-

진행절차 및 조건

학력

아우스빌둥 지원을 위한 최소한의 학력은 대부분 실업계 중고등학교(Hauptschule/Realschule) 졸업 및 졸업예정자로 나이는 대략 만 16~17세 정도입니다. 하지만 이것은 최소한의 학력입니다. 아우스빌둥의 종류와 직종에 따라서는 그보다 높은 직업학교(Berufsschule)나 대학교(Hochschule) 졸업 자격을 요구하는 경우도 있으며 한국으로 치면 수능에 해당하는 아비투어(Abitur) 점수, 자연과학 점수, 학점 등을 요구하는 경우도 있기 때문에 아우스빌둥을 시작하는 나이가 이보다 더 많아지기도 합니다. 아우스빌둥은 기본적으로 자국민을 위한 제도이기 때문에 대학과 달리 외국인 전형이 따로 없습니다. 즉, 외국인의 학력 조건이 별도로 명시된 경우는 거의 없으며, 기본적인 학력 조건이 채워진다면 더 이상의 학력보다는 언어, 경력 등과 같은 그 외 요소들이 더 중요할 수 있습니다.

독일어

대학교 지원을 위해서는 어학증명서 제출이나 Test DaF 시험 등 대학 수업을 듣기 위한 최소한의 독일어 실력을 증명해야 하고 어학 요구수준이나 조건들이 상당히 구체적으로 표준화되어 있습니다. 아우스빌둥은 이와 달리 외국인을 대상으로 한 표준화된 어학 조건이 없는 경우가 대부분이며, 이는 앞서 서술한 바와 같이 아우스빌둥 자체가 독일인들을 대상으로 한 것이라서 외국인 전형이 없기 때문입니다. 하지만 이것이 어학 증명서가 전혀 필요 없다는 뜻은 아닙니다.

직종에 따라 차이가 있을 수 있지만 엔지니어, IT/의료분야 등 비 EU 국가 출신의 특수/전문직종, 고연봉 종사자가 독일에서 취업 지원 시 제출하는 독일어 증명서가 일반적으로 B2 이상이라는 것을 고려한다면 최소한 어느 정도 이상의 어학 증명서가 아우스빌둥 지원 시 필요할지 가늠해 볼 수는 있으나 이것은 말 그대로 최소한의 서류일 뿐입니다. 즉, 증명서가 말해주는 것 이상의 뛰어난 의사소통 능력과 해당 분야의 경력, 의지 등이 추가로 필요합니다.

예를 들어 대학 예비자과정(Studienkolleg)을 위해서는 일반적으로 B2 수준의 어학증명서, 대학교 학/석사 지원을 위해서는 C1 수준의 어학 증명서가 요구되는 것이 보통입니다. 하지만 독일어를 배우다 보면 이 어학 증명서가 자신의 의사소통 능력과 늘 비례하는 것은 아니라는 것을 일상생활 속에서 뼈저리게 느낍니다. 아무리 열심히 했다고 해도 짧으면 수개월, 길어야 1~2년 배운 독일어를 일상생활에서 자유롭게 구사한다는 것이 현실적으로 매우 어려운 일임은 분명합니다.

해당 분야 경력

해당 분야의 경력은 내가 지원하고자 하는 아우스빌둥과 관련하여 한국에서의 사전교육, 경험, 숙련도 등을 어필하고 외국인이라는 것, 그래서 의사소통의 애로사항이 있을 수 있다는 것을 긍정적인 측면에서 이해할 수 있도록 해줍니다. 아무래도 해당 분야에 대한 지식과 경험이 전무 한 상태에서 의사소통에 어려움까지 있는 것보다는 사전 지식과 경험을 가지고 있는 것이 빠른 숙달에 도움이 될 거라 예상할 수 있기 때문입니다. 하지만 이 말이 경력이 있으면 아우스빌둥을 쉽게 시작할 수 있다거나 지원 시 무조건 긍정적인 영향을 미친다는 것은 아닙니다. 이것은 말 그대로 참고사항일 뿐 해당 분야에 너무 높은 학력과 화려한 경력은 오히려 역효과를 불러일으킬 수 있는데, 예를 들어 당신은 (지원자) 아우스빌둥은 필요 없으니 그냥 취업 자리를 알아보라는 답변을 듣게 될 수도 있습니다.

급여

실습 급여 TOP 10

순위	직업명	1년차	2년차	3년차	4년차
1	항공관제사	1,150€	1,150~4,000	4,000~5,900	-
2	선박기술자	1,020	1,270	1,760	-
3	세관공무원	1,320	1,320	1,320	-
4	경찰	1,170~1,380	1,170~1,380	1,170~1,380	-
5	요양사	1,100	1,150	1,250	-
6	사회보장 보험상담원	1,050	1,150	1,230	-
7	물리연구실조교	1,040	1,120	1,180	1,270
8	은행원	1,040	1,100	1,160	-
9	항공정비기술자	1,000	1,050	1,150	1,200
10	전기기술자	1,000	1,050	1,150	1,200

위 직종들은 독일인들이 선택한 직군입니다. 외국인에게 직군 선택은 상당히 제한적인데, 세관 공무원이나 경찰의 경우가 그 대표적인 예시가 되겠습니다. 그래서 단순하게 월 실습 급여만을 바라보고 직군을 선택하기는 어려움이 따릅니다.

실습 급여 TOP 10에 속하는 고수익의 직군이 있는가 하면 그렇지 못하는 직군들도 있습니다. 예를 들면, 미용사와 플로리스트 등은 처음 시작할 때 215€~400€ 정도의 실습 급여를 받습니다. 물론 해당 직군은 본인의 실력이 좋다면, 성과급으로 더 좋은 보수를 받을 수도 있습니다. 하지만, 처음부터 시작하는 이들에게 200~400유로의 실습 급여는 열정만을 가지고 시작하기에는 너무 아쉬운 액수가 아닌가 싶습니다.

그래서 2020년부터는 연방의회에서 모든 직군에서 최저급여를 정했습니다. 이 법안이 제정된 이유는 몇몇 직군에서 미니잡 수준에도 못 미치는 급여를 주다 보니, 해당 직군으로 지원하는 실습생 및 노동력이 감소하였기 때문입니다. 2020년부터 해당 법안이 적용되어 최저 월 515유로를 보장받았으며, 이 최저 실습 급여는 2023년까지 순차적으로 인상됩니다.

실습생들의 1년 차 실습 급여는 2020년 515€를 시작으로 2021년 550€, 2022년 585€, 인상 예정 연도 마지막 해인 2023년에는 618 €의 최저 실습 급여를 보장받습니다. 하지만 2020년 이전에 아우스빌둥을 시작했던 실습생은 제외됩니다. 즉, 2020년부터 1년 차, 새로이 시작하는 아우스빌둥 실습생들부터 적용되는 것입니다.

또한 2020년부터는 아우스빌둥 연차에 따라 급여가 인상됩니다. 첫해 급여에 이어 2년 차에는 +18%, 3년 차에는 +35%, 4년 차에는 +40%가 인상 지급되어야 합니다.

예를 들어 2020년 최저급여 515€ 기준으로 2023년까지 인상이 예상되는 연차별 최저 실습 급여를 계산해 본다면 아래의 표와 같이 기대해 볼 수 있겠습니다.

2020년부터 적용된 최저 실습 급여 및 인상률

구분	1년차	2년차 (+18%)	3년차 (+35%)	4년차 (+40%)
2020년	515	611	695	721
2021년	550	649	742	770
2022년	585	690	790	819
2023년	618	729	834	865

다만, 모든 법안이 그러하듯이 차후 변경될 소지는 있습니다. 그래서 아우스빌둥을 알아보고 시작한다면 그 시점에 한 번 더 꼼꼼하게 따져보아야 하겠습니다.

현실적인 조언

체류 가능 기간 확인

독일은 직업교육(Ausbildung) 및 직업전환교육(Umschulung)을 위한 시스템이 매우 잘 갖추어져 있습니다. 하지만 이것은 독일인이나 독일 체류에 제한이 없는 EU 국가 출신 국민들에게 적용되는 사항입니다. 한국인으로서 어학 공부를 위해 합법적으로 독일에 체류할 수 있는 기간은 제한되어 있습니다. 워킹홀리데이 비자를 받는 것도 한 가지 좋은 방법입니다. 하지만 워킹홀리데이 비자 1년 안에 어학과 동시에 아우스빌둥 자리를 찾고 지원하고 수습기간을 갖는 것은 생각보다 쉽지 않습니다. 즉, 발급받은 워홀비자 만료 후 어학비자나 유학준비비자를 신청하여 체류 기간을 연장하는 방법, 각 방법의 장단점과 위험성 또한 고려해야 합니다. 만 30세를 넘었을 경우에는 워홀비자 신청이 불가능하기 때문에 무비자로 출국 한 뒤 3개월 내에 독일에서 유학준비비자나 어학비자 발급을 고려할 수 있습니다. 일반적으로 유학준비비자로는 최대 2년, 어학비자로는 최대 1년까지 체류할 수 있습니다. 모든 비자는 체류 목적에 따라 받는 것이 가장 일반적이고 안전하며 본인의 지원자격에 따라 신청할 수 있는 비자의 종류가 다르기 때문에 각 비자 발급 시 장/단점, 주의사항 등은 각 비자 종류별 설명에서 확인해 주세요.

언어

독일에 체류하는 동안 어학에 대한 중요성은 아무리 강조해도 지나침이 없습니다. 이를 위해 최소 6개월에서 1년은 독일어에만 집중하는 시간을 가지시길 추천드립니다. '독일어 공부'가 단순히 어학원만 열심히 다니는 것을 뜻하지는 않습니다. 유학 목적에 맞춰 나에게 적합한 어학원을 등록하고 등록한 어학원을 빠지지 않고 잘 가는 것은 기본이고, 어학원 친구들과 선생님, 자주 가는 슈퍼마켓이나 상점의 점원, 은행이나 단골 레스토랑 직원, 연주회나 전시회, 수업 청강 취미활동이나 스터디 그룹 등 독일어로 접할 수 있는 모든 기회를 수용하고 온 몸으로 배우는 것을 의미합니다. 그렇기 때문에 대학교 지원을 위한 어학시험보다 아우스빌둥 지원을 위한 독일어가 훨씬 더 실제적이고 현장 중심적일 수 있습니다. 아우스빌둥을 정식으로 시작하기 전 수습기간(Probezeit) 동안 현장에서 본인의 독일어를 직접 증명해 보일 텐데 (아우스빌둥을 시작하면 훨씬 전문적이고 학문적인 어휘들을 접하는 것은 물론이고) 현장에서 사용하는 독일어가 듣기 교재에서 나오는 유창하고 또렷한 발음, 이해하기 좋은 친절한 문장일 리 없기 때문입니다.

독일어는 단순히 아우스빌둥 과정을 마치기 위해서만이 아니라 이후 취업과도 직결되는 사항입니다. 물론 직종에 따른 차이는 있지만 아우스빌둥을 마쳤다고 항상 취업으로 이어지는 것은 아니기 때문에 언어나 비자 등 여러 제약사항이 있음에도 불구하고 동일한 과정을 거친 다른 졸업자들에 비해 본인만의 탁월한 장점이 있어야지만 취업 기회를 얻을 수 있습니다. 독일어는 이를 위해 시간을 투자하고 지속적으로 노력하고 반드시 극복해야만 하는 가장 중요한 관문 중 하나임은 분명합니다.

시간 분배가 관건

시간 분배와 관련한 두 가지 중요한 사항이 있습니다. 첫째는, 앞서 거듭 강조했듯이 신청 가능한 비자의 종류, 체류 가능 기간을 사전에 확인하고 해당 기간 내에 도달 가능한 수준의 최대한 집중적인 어학 계획을 세우는 것입니다.

둘째는 아우스빌둥 지원 시기입니다. 대학교는 학기 시작 전 3~6개월 전에 지원하는 것이 보통이지만 아우스빌둥은 약 1년(8~12개월) 전부터 지원합니다. 업체/회사/기관에 따라 일 년에 한 번, 혹은 두 번 모집하기도 하며 특정 년도에는 아우스빌둥 신청자를 아예 받지 않기도 합니다. 여러 차례 이야기했지만 아우스빌둥 교육 과정은 직종/분야마다 워낙 다양하고 회사마다 인력 운용 상황이 다르기 때문에 '정확히 언제다'라고 말하는 것은 오해의 여지가 매우 큽니다.

요점은 대학 진학을 위한 일반적인 독일유학과는 다르게 최소 6~12개월 전부터는 모집 시기를 수시로 확인하고 미리미리 지원 준비를 해야 한다는 것입니다. 수시로 확인해서 지원해야 한다니 막막하기만 한데요. 기업체나 회사를 통한 아우스빌둥의 경우 일반적으로 8월~10월, 아카데미 형식의 사립 교육기관은 보통 1~3월에 시작합니다. 하지만 본격적으로 아우스빌둥을 시작하기 전 1~4개월 정도 미리 수습(Probezeit)을 하며 해당 분야 업무가 본인과 잘 맞는지 등을 개인-회사 간 서로 확인하는 시간을 가지게 된다는 것을 감안하면 지원 시기는 훨씬 더 유동적입니다.

아우스빌둥을 고민하고 결정할 때 절대 간과하지 말 것은 아우스빌둥이 자국민을 대상/기준으로 운영된다는 특성상 기본적으로 독일 사람의 관점에서 생각해야 한다는 것입니다. 쉽게 말하자면 한국에(까지) 많이 알려진, 누가 들어도 귀가 솔깃해지고 높은 연봉을 받는 직종은 당연히 독일 사람들 사이에서도 경쟁률이 매우 높습니다. 수제 악기제작 등과 같은 수공업적 직업교육은 연간 모집 인원이 매우 한정적이고, 이미 한두 해 전부터 실습장을 오가며 (Probezeit든 그저 단순 실습이든) 허드렛일을 도우며 Meister(마이스터)에게 자신의 아우스빌둥 의사를 내보인 지원자도 이미 여럿 될 것입니다.

항공기 관제탑, 비행기 조종사, 메르세데스벤츠/아우디/BMW와 같은 자동차 회사 같은 경우에도 이미 영어와/독일어/제3외국어를 완벽하게 소화하고 해당 직종에서 요구하는 학력/경력/성적을 갖춘 지원자가 독일에도 이미 충분히 많다는 것을 염두에 두어야 합니다. 물론 예외상황이 있을 수 있습니다.

예를 들면 지원자가 많이 없는 지역, 사람들에게 잘 알려지지 않았거나 독일 사람들도 기피하는 분야/직종의 경우입니다. 하지만 말 그대로 예외의 상황일 뿐, 나에게 이런 기회가 반드시 올 것이라는 근거 없는 기대는 오히려 위험합니다. 지원자가 많이 없거나 독일 사람들도 기피하는 직종이라면 그만한 이유가 있을 거라 예상할 수도 있습니다. 불가능하다고 단정 짓는 것은 아니지만 한계에 부딪혔을 때 지나간 시간과 노력을 헛되이 만들지 않을 또 다른 가능성을 늘 열어두어야 합니다. 이것은 단순히 위에서 말한 비자 기간, 언어, 직종에만 해당 되는 문제가 아닙니다. 예를 들어 간신히 업체의 수락을 받아 계약서를 쓰게 되고 아우스빌둥을 시작하기로 했지만, 아우스빌둥을 위해 체류가 가능한 비자를 비자청으로부터 받는 이야기는 전혀 다른 주제입니다.

아우스빌둥 비자

너무 힘들게, 때론 운 좋게도 아우스빌둥 할 기회를 주겠다는 실습장을 드디어 찾았고 기다리고 기다리던 고용 계약서를 작성했다고 가정해 보겠습니다. 그 이후에 해야 하는 것은 아우스빌둥을 위한 기간 동안 합법적으로 체류 가능한 비자를 받는 것입니다.

비자 신청 시 자국민을 대상으로 한 아우스빌둥을 굳이 왜 '한국에서 온 외국인'이 해야 하는지 비자청 담당자를 납득시키는 일은 아우스빌둥 실습장을 찾는 것과 완전 별개의 문제입니다. 비자 신청자의 학력/경력증명서 등을 추가로 제출해야 할 수도, 해당 업체의 고용주가 비자청 담당자를 설득해야 할 수도 있습니다.

고용주도 이런 번거로운 절차를 알고 있기 때문에 애초부터 외국인 고용을 꺼리기도 합니다. 저마다 개별적이고 예외적인 상황들을 비자발급 기준에 비추어 어떻게 적용하고 해석할지는 각 지역 비자청 분위기나 해당 비자발급과 관련된 기조, 담당자의 판단 등이 중요하게 작용합니다.

물론 직종/분야마다 조금 다른 상황이 있을 수도 있습니다. 예를 들어 3~3.5년 동안 일정한 실습비를 받고 회사와 학교를 오가며 교육받는 전통적인 의미의 아우스빌둥이 아닌, 특정 기관이나 업체에서 6개월~2년 정도 아카데미 형식의 단기 과정을 수료하는 과정이 그런 예입니다. 이런 아우스빌둥의 경우 일반적으로는 특정 분야/직종에 특화된 교육을 단기간 진행하며 경우에 따라서는 영어로 수업이 진행되기도 합니다.

실습비를 업체로부터 받는 것이 아니라 수업료나 실습비를 오히려 내야 하는 경우에는 외국에서 온 지원자에 대해서 비교적 호의적이고 입학 문턱이 상대적으로 낮을 수 있습니다.

어차피 단기간 체류하는 것이고 정부와 업체로부터 실습비를 받는 것이 아닌 오히려 학비를 납부하면서 체류하겠다고 하는 것이니, 뚜렷한 거절 사유가 없는 한 비자청 담당자 입장에서도 비자발급을 허가하는 것이 그다지 어려운 일이 아닐 수 있습니다. 또한 이런 기관/업체는 주로 대도시에 있기 때문에 외국인 비자 신청자에 대한 사전 경험이 있고, 외국인 아우스빌둥 지원자에 대한 명확한 기준이나 필요 서류가 확립되어 있을 수 있습니다.

나이 문제

나이 제한이 있나요, 라는 질문에 대한 간단한 대답은 Nein(아니오)!! 독일 사람들과 이에 관해 이야기할 때 나이는 나이일 뿐 동기가 가장 중요하다고 자연스럽게 대답하는 것을 보면 좀 놀랍기도 합니다. 마트에서 오래 일하다가 유치원 교사나 미용사가 되고, 또는 요양사로 일하다가 물리치료사가 되기 위한 아우스빌둥을 다시 시작하는 것도 얼마든지 가능합니다.

다만 직업/직종에 따른 예외상황은 있습니다. 쉬운 예로 비행기 조종사가 되거나 관제탑/항공기 내에서 일하는 등 특수직종은 나이 제한이 있을 수 있습니다.

이는 특별한 신체적 조건이 요구되거나 해당 분야 업무 숙달을 위한 전문교육의 특성/소요기간에 따른 나이 제한입니다. 직종에 따른 차이가 있습니다만 일반적으로 아우스빌둥을 시작하는 교육생들의 나이가 16~17세라는 것을 감안한다면 20대 중반에 유학을 시작하여 아우스빌둥을 하는 한국 유학생의 경우 대략 10년, 혹은 그 이상의 나이 차이를 극복하며 그들과 어울리고 문화/언어/생활습관 등의 차이를 극복해야 합니다.

Plan B

수많은 업체에 아우스빌둥을 지원했다고 가정해 봅시다. 부족한 시간을 쪼개어 힘들게 준비하고 떨리는 마음으로 간신히 지원했는데 지원한 업체에서 답변이 오지 않을 때, 혹은 어떤 회사로부터 승낙을 받아 세상을 다 얻은 것처럼 기뻤지만 막상 현장에서 독일어라는 벽에 부딪혀 수습 기간을 끝내고는 아우스빌둥을 정식으로 시작하지는 못하게 되어 지난 1년간 힘들게 공부한 독일어가 아무것도 아니라고 느낄 때, 우여곡절 끝에 아우스빌둥을 시작했지만 현장에서 동료들과 어울리는 것이 너무 힘들고 수업은 도저히 못 따라가겠고 엎친데 덮친 격으로 정작 이 아우스빌둥은 본인이 진심으로 하고 싶었던 것이 아니라 그저 동경했을 뿐이라는 것을 깨달았을 때, Plan B를 생각해야 합니다.

예를 들어 현장에서 선임자나 동료로부터 지금 하는 아우스빌둥보다 더 장래성 있는 길에 대한 이야기와 방법을 들을 수도 있습니다. 비록 해당 업체를 통한 아우스빌둥은 거절될 수 있지만 수업료를 납부하는 사설 기관의 아우스빌둥은 그 문턱이 상대적으로 낮고, 해당 과정을 수료했을 때 취업이나 심화 과정 연계를 더 신경 써 주기도 하기 때문에 졸업 후 더 나은 기회를 갖게 될 수도 있습니다.

만일 지원자격이 된다면 열심히 공부한 독일어를 바탕으로 차라리 대학교를 지원하고, 합격한다면 학생비자를 발급받아 비자 걱정 없이 체류하면서 관심 있는 분야를 학문적으로도 공부하고 대학이원화교육과정(Duales Studium이나 인턴십을 통해 현장 경험도 쌓으며 더 나은 기회를 만들 수도 있습니다. 혹은 곧장 취업을 알아볼 수도 있습니다.

04

지원자격, 점수 그리고 서류

01 학사 지원자격

학사 지원자격 목차

독일유학의 시작점-지원자격 검토하기 179
수능 성적 증명서, 꼭 필요할까? 182
학사 지원자격 관련 자주 묻는 질문 184
학사 지원자격이 없거나 계열을 바꿀 때 해결책 188

BACHELOR

한국에서
정규고등학교를
졸업하고
수능 평균이
4.4 등급 이상,
수능 과목 중
언어, 수학, 탐구영역이
각 5 등급 이상이면
독일 대학
학사과정으로
지원할 수 있습니다.

독일유학의 시작점-지원자격 검토하기

독일유학을 고민하고 있다면 가장 먼저 확인할 사항은 바로 "지원자격"입니다. 한국에서의 본인 학력을 가지고 독일 대학교를 지원할 수 있는지를 확인해 봐야 하는 것이죠. 일반적인 독일대학 지원자격(Allgemeine Hochschulreife)이라 함은 학사지원자격을 뜻합니다.

고등학교 내신

독일대학 지원자격에 아무런 영향을 미치지 않습니다.
다만 정규고등학교가 아닌 검정고시와 직업고등학교(산업수요고, 마이스터고)의 경우에는 대학을 1~2년 다녀야 합니다.

수능

1. 수능 성적 증명서에 기재되는 모든 성적을 더해 과목수를 나누어 평균을 구합니다. 이 평균점수가 1등급~4.4등급에 속해야 합니다.

2. 언어, 수학, 과탐(혹은 사탐) 1과목을 치고 점수가 각각 5등급 이상이어야 합니다.
   → 위 조건이 충족된다면 수능과 같은 계열로 독일 학사 지원이 가능합니다.

수능 조건이 충족되지 않는다면?

수능을 다시 보거나
독일에서 인정하는 국내
대학을 1~2년
더 다녀야 합니다.

1. 독일에서 인정하는 4년제 대학(H+[21])에서 1년간 최소 35학점 이상을 이수하면 동일/ 유사 전공 계열로 학사 지원이 가능합니다.

2. . 또는 독일에서 인정하는 2~3년제 전문대학(H+/-)을 졸업하면 동일/유사 전공계열로 학사 지원이 가능합니다.

3. 독일에서 인정하는 사이버 대학 및 학점은행제(H+/-)[22] 에서 1년간 최소 35학점을 이수하면 동일/유사 전공계열로 슈투디엔콜렉[23] 지원이 가능합니다. 독일에서 인정하는 사이버 대학 및 학점은행제(H+/-)에서 2년간 최소 70학점을 이수하면 동일/유사 전공계열로 학사 지원이 가능합니다.
   → 위 세가지 조건 중 하나라도 충족된다면 대학 전공과 같은 계열로 독일 학사유학이 가능합니다.

---

21) 문화교육부장관회의 산하 외국학력평가중앙기관(ZAB)에서 관리하는 아나빈 페이지(anabin.kmk.org)에 기재된 해외대학 등급 중 하나이며, 독일에서 인정하는 대학교를 뜻합니다. 통상적으로 한국의 4년제 종합대학교가 이에 속하며, 사이버대학교, 전문대학교 등은 H+/- 등급에 속합니다. 아나빈 페이지에 등재되지 않은 학교는 독일에서 인정받지 못합니다.
22) 학점은행제는 이수한 과정 및 과목 종류에 따라 인정여부가 달라집니다..
23) Studienkolleg. 학사입학을 위한 예비자과정이며, 보통 1년간 진행됩니다. 학사지원자격이 없을 때 누구나 할 수 있는 과정으로 오해하는 경우가 많은데, 특별한 조건이 충족되어야 지원 가능하며, 대부분의 일반고등학교 졸업자들에게는 해당되지 않습니다.

4. 수능이 아예 없을 경우(ex. 수시입학) 대학을 다녀도 독일대학 지원이 불가능합니다. 4년제 대학(H+)을 졸업해야 지원 가능합니다.

음대에서 실기가 주를 이루는 전공이나 순수 미술과 같은 일부 전공은 뛰어난 실기 능력이 있다면 위 지원자격이 충족되지 않아도 지원 및 입학이 가능합니다. 하지만 이러한 예술대에서도 지원자격을 요구하는 경우가 있으며 예를 들어 디자인의 경우 미대에서도 상대적으로 지원자격을 더 많이 요구하는 편입니다.

한국에서 H+등급의 4년제 대학교를 졸업했다면, 위 지원자격과 무관하게 독일 대학교에 지원할 수 있습니다.

이 조건은 절대적인 조건이 아니며, 합격을 보장하는 조건도 아니지만, 매우 중요한 보편적인 기준입니다.

만일 지원자격이 없거나 계열을 바꾸고자 한다면 국립대 보다는 사립대 진학을 추천드립니다.

수능성적 증명서, 꼭 필요할까?

한국에서는 수능을 보지 않았다고 해도 수시전형 등을 통해 대학 진학이 가능하지만 독일 대학 진학은 어려울 수 있습니다. 독일 대학 지원 시 수능 성적표를 제출할 수 없기 때문입니다.

한국에서 고등학교까지의 학력만을 가지고 독일 대학을 지원할 경우에는 일반적인 지원자격인 수능 조건을 반드시 충족해야 합니다. 다만 음대, 미대의 일부 전공은 이 조건으로부터 제외됩니다.

검정고시를 통과한 이후 대학교에 진학해서 재학 중이거나, 4년제 대학교/전문대를 졸업했을 경우 수능 성적표는 없어도 되는지, 아래에서 확인하세요.

고등학교 졸업자: 수능성적 필수!!

한국에서 대학을 전혀 다니지 않았다면 독일대학 지원을 위해 수능 조건을 충족해야 합니다.

수능 성적은 평균 62%이상(1~4.4등급)이어야 하며 언어, 수학, 탐구과목이 각 5등급 이상이어야 합니다. 이것을 증명하기 위해 수능 성적 중명서 제출은 필수 입니다. 만약 대학을 수시로 입학해서 수능을 보지 않았고, 수능성적표를 제출할 수 없다면 일반적인 지원자격은 충족되지 않습니다.

예외적으로 만 16세 이상 고 1학년만 마치면 지원가능한 음대, 그리고 만 18세 이상 고등학교 졸업 후에 지원가능한 순수미술과 일부 디자인전공의 경우 수능성적 없이 뛰어난 실기능력으로 입학이 가능하기 때문에 요구받지 않을 수도 있습니다. 다만, 비자청과 각 대학에서 보편적으로 요구하는 서류이므로, 만일 가지고 있다면 성적이 낮더라도 제출하는 것이 훨씬 더 유리합니다.

지원자격이 부족하거나 계열변경을 원할 경우 국립대보다는 사립대 진학을 추천드리지만, 사립대에서도 수능성적은 대부분 꼭 요구하는 편이라서 주의를 요합니다.

대학 재학 중(또는 자퇴): 수능 필수!!

고등학교 졸업자가 수능 점수가 낮아 일반적인 지원자격인 수능 조건을 충족하지 못한다면 한국에서 대학교에 진학하여 해당 대학에서 이수한 학점과 학력으로 지원자격을 충족해서 독일 대학을 지원할 수 있습니다.

H+등급의 국내 4년제 대학교에 진학하여 1년 동안 35학점 이상 이수했다면 같은 계열/전공의 학사로 지원할 수 있습니다. 한국에서 수능을 보지 않았다면 H+ 등급의 국내 4년제 대학교를 졸업해야 합니다.

4년제 대학 졸업자의 경우: 수능성적이 필수는 아니다!!

국내 4년제 대학을 완전히 졸업했다면 수능 성적표가 없다고 해도 괜찮은 편입니다. H+등급의 국내 4년제 대학교를 졸업했다면 해당 학력으로 계열 구분 없이 독일대학 같은 계열/전공 석사로 지원할 수 있기 때문입니다.

다만 지원자격과는 별개로 각 대학 원서접수 및 독일 체류를 위한 비자 신청 시 비자청에서는 고등학교 졸업·성적증명서, (수능을 쳤다면) 수능성적 증명서까지 모두 요구하기도 하기 때문에 학력 관련된 모든 서류를 한국에서 미리 준비하는 것이 좋습니다.

학사 지원자격 관련 자주 묻는 질문

독 일로 학사유학을 가고 싶은데 어떻게 해야 하나요?

구체적인 계획을 세우기 전 본인의 학력으로 독일 대학진학이 가능한지 일반적인 학사 지원자격을 확인해야 합니다. 일반고등학교 졸업자라면 수능 조건 두 가지를 충족해야 하며 둘 중에 하나라도 충족 되지 않는다면 H+등급의 국내 4년제 대학교 진학하여 1년간 35학점을 같은 계열로 이수해야 합니다. 만약 H+등급의 국내 4년제 대학교를 졸업했다면 계열 구분 없이 독일대학 학사 진학이 가능합니다. 한국 전공과 같은 혹은 유사 계열이라면 석사 지원만 가능하며, 다른 전공이라면 대체로 학사로만 지원 가능합니다. H+/-등급의 국내 전문대학교를 졸업하거나 사이버대학이나 학점은행제를 통해 2년간 70학점을 이수해도 같은 계열 학사 지원이 가능합니다.

이러한 지원자격은 절대적인 기준이 아니며, 합격을 보장하는 기준도 아니지만, 매우 중요한 보편적인 기준입니다. 만일 지원자격이 부족하거나 계열을 바꾸고 싶다면 국립대보다는 사립대 유학을 추천드립니다.

수능을 망쳤는데 다른 방법은 없나요?

고등학교 졸업자라면 수능 조건 두 가지를 모두 충족해야 합니다. 이 중 하나라도 충족되지 않는다면 H+등급의 국내 4년제 대학교에 진학해서 1년 동안 35학점 이상을 이수하거나 H+/- 전문대를 졸업하거나 혹은 H+/- 사이버대학이나 학점은행제를 통해 2년 70학점을 이수하고 같은 계열 학사로 지원할 수 있습니다.

이미 수능 조건이 부족하지만 독일유학을 빠르게 진행하고 싶다면 국립대가 아니라 사립대 진학을 추천드립니다.

학사 지원자격 미달 시 독일 유학이 불가능한가요?

일반적인 학사 지원자격을 갖추고 있다고 해서 100% 독일 대학교를 입학할 수 있는 것이 아니듯, 일반적인 학사 지원자격이 부족하다고 해서 100% 불가능한 것도 아닙니다. 대학입학 관련 최종 심사는 각 대학에서 진행하며 시기별, 상황별로 예외의 상황도 생길 수 있기 때문입니다.

하지만 예외의 상황은 말 그대로 예외일 뿐입니다. '예외적인 상황'을 기대하고 일반적인 지원자격이 없는 상태에서 독일 유학을 결정하는 것은 자칫 무모한 도전이 될 수밖에 없습니다. 대부분의 독일 대학이 아나빈(anabin) 기준을 따르기 때문에 안정적인 독일 유학을 진행하기 위해서 최소한의 지원 자격은 충족하고 독일 유학을 결심하는 것이 좋습니다. (예술대학 일부전공 제외) 만일 지원자격이 부족하거나 계열을 바꾸고 싶다면 그래서 국립대보다는 사립대 유학을 추천드립니다.

수 능성적에서 과탐/사탐영역 성적이 어떻게 계산되나요?
모든 과목이 다 계산되나요? 아니면 점수가 높은 한 과목만 계산되나요?

> 성적표에 나온 모든 과목 성적이 포함 됩니다. 이것은 과탐이든 사탐이든 마찬가지며 제 2외국어영역 시험을 봤을 경우 이것 역시 평균 성적에 합산 됩니다.

독 일어만 잘하면 대학교에 입학할 수 있나요?

> 독일 대학교 지원을 위해서는 기본적으로 일반적인 지원자격(HZB)이 반드시 필요합니다. 지원자격을 우선 갖추고, 이후 자신이 희망하는 전공을 위해 필요한 독일어 수준을 만드는 편입니다. 아무리 독일어를 잘해도 지원자격이 없다면 국립대 진학은 대부분 어렵습니다. 이와 달리 사립대학은 자체 전형에 따른 예외가 많은 편이니 참고하세요.

독 일 대학에서 이과 계열의 전공을 지원하고 싶은데
문과 수학으로 수능 시험을 치뤄도 되나요?

> 네. 가능합니다.

계 절학기에서 들은 학점은 정규학기로 포함되나요?
만약 된다면 이전 학기와 다음 학기 중 어디에 포함되나요?

> 정규 학기에 포함되며 앞 학기에 포함되어 계산됩니다.

수 능은 문과인데 교차지원으로 공학 계열을 전공하고 있습니다. 독일은 같은 계열로만 지원 가능하다고 하던데 저는 어떤 계열로 지원할 수 있나요?

> 수능 조건이 충족된다면 수능계열로만 지원 가능합니다. 수능이 있지만 조건이 충족되지 않는다면 대학교 전공 계열로 지원가능합니다.

검 정고시나 직업고등학교를 나와도 수능조건만 충족하면 유학이 가능한가요?

> 아닙니다. 수능조건은 정규고등학교(일반고, 자사고, 외고, 과고 같은 특목고 등)를 마친 경우에만 해당됩니다. 그 외 검정고시나 직업고등학교 졸업생들은 수능이 반드시 있어야 한다는 것은 동일하지만, 성적과 상관없이 국내 대학을 최소 1~2년 이상 다녀야 합니다.

학사 지원자격이 없거나 계열을 바꿀 때 해결책

아나빈 조건은 독일대학 입학을 위한 가장 기본적이고 보편적인 기준이지만, 모든 상황에 백 퍼센트 적용되는 것은 아니며, 예외가 있을 수 있습니다.

다만 이 예외가 많은 것은 아니고 독일로 출국해서 어학연수를 하고 독일에서 원서접수를 하는게 독일유학 분위기이다 보니 최소한의 지원자격이라 생각하고 한국에서 미리 조건을 충족한 후 독일로 나가는 게 일반적인 경로였습니다.

예를 들어 특목고 출신이라 공부는 잘하지만 수시 입학을 하느라 수능 조건을 채우지 못했거나 혹은 대학을 다녔는데 전공을 바꾸고 싶을 경우 아나빈 조건을 채우려면 한국에서 몇 년을 더 소비해야 하죠. 이러한 조건 때문에 영미권 국가들에 비해 독일은 입학이 까다롭다는 평가를 많이 받았습니다.

하지만 독일에도 이러한 장벽을 우회할 수 있는 좋은 대안들이 있긴 합니다. 한국이나 영미권 국가들이 모두 그렇듯이 등록금을 내는 사립대학교로 진학할 경우 지원자격이 부족하더라도 입학이 가능한 경우들이 더욱 많아집니다.

독일유학 하면 많은 분들이 국립대학 유학을 생각하시는데요. 의외로 독일에도 사립대학이 많고, 실제 입학생과 재학생도 증가하고 있습니다. 2018년 현재 독일대학 중 국립대는 총 260개 정도로 전체의 60% 수준이고, 사립대는 총 120개 정도로 전체의 30% 수준에 달합니다. 나머지 10%는 종교재단에 속한 종교대학입니다.

학생 수는 국립대가 260만, 사립대가 24만명 정도입니다. 1995년 사립대 숫자가 겨우 25개였던데 비하면 그야말로 괄목할 만한 성장입니다. 예전 선배들이 무조건 국립대 유학을 간 것과 달리 최근 들어 이처럼 사립대 유학도 지속적인 성장세에 있습니다. 그렇다고 모든 사립대학이 아나빈 조건을 완전히 무시하고 누구나, 아무나 입학이 되는 것은 당연히 아닙니다.

성적이 안 좋거나 필기시험, 인터뷰 등 대학 자체 입학절차에서 떨어져서 입학이 안 될 수 있습니다. 사립대는 등록금이 있다는 게 가장 큰 단점이겠지만, 그 외에도 국립 종합대와 비교해 학과가 다양하지 않고 실용적인 응용학문 위주라는 것도 독일 사립대의 한계일 수 있습니다. 즉, 의학, 법학 같은 국가고시 과정이나 수학, 물리, 화학 같은 기초과학, 철학, 독문학과 같은 인문학 등은 사립대에 아예 없거나 많지 않은 편입니다. 하지만 실용적인 학문을 원하는 분이나 지원자격이 없는 분들, 빠른 졸업과 취업을 원하는 분들께는 독일 사립대 진학이 최적의 선택일 수도 있습니다.

정리하면, 지원자격이 없다면,

① 부족한 자격을 채우고 독일로 간다
  → 수능을 다시 보거나 국내 대학을 1~2년간 더 다닌다

② 입학이 가능한 사립대로 지원한다
  → 바로 독일 사립대에 원서를 접수하고 입학한다

③ 직장경력으로 입학이 가능한 국립대, 사립대로 지원한다
  → 바로 독일대학에 원서를 접수하고 입학한다

일반적인 지원자격이 충족될 경우 흔히 독일로 무작정 출국하여 독일어 어학연수부터 하는 게 독일 유학의 특징입니다.

만일 사립대 진학을 한가지 대안으로 계획한다면, 국내에서 미리 대학의 입학허가서를 받아서 나가거나 입학을 보장받고 한두학기 후에 실제 입학을 하는 것도 가능하여 더욱 확실한 독일 유학 진행도 가능합니다.

이제는 독일 유학에도 다양한 대안이 있다는 것, 이것이 독일 사립대 유학의 가장 큰 미덕이 아닐까 합니다.

02 석사 지원자격

석사 지원자격 목차

가장 기본적인 석사 지원자격 192
석사 지원자격 관련 자주 묻는 질문 196
석사 지원 시 전공 바꾸는 방법 203

MASTER

H+ 대학교에서 최소 3년간 105학점 이상을 이수하면 같은 전공계열로 석사 지원이 가능합니다. 이수 과목의 유사성이 가장 중요하며, 최저 성적 기준, 인터뷰, 추가언어성적, 필기시험, 추천서, 실습/직장경력 등을 요구할 수도 있습니다.

MASTER

가장 기본적인 석사지원자격

H+등급의 국내 4년제 대학교를 졸업 후 독일대학 석사 과정 진학 시 학부 전공과 같거나 유사한 전공으로만 지원할 수 있습니다.

이때는 지원자의 전공계열뿐 아니라 국내 대학 학부 졸업 시 취득한 이수 학점과 평점 등이 큰 영향을 미칩니다.

H+/-등급의 사이버대학, 학점은행제, 전문대학교 심화 과정 등을 통해 학사학위를 취득했다면 때에 따라 석사가 아니라 학사로 지원해야 할 수도 있습니다.

다음 안내사항이 독일 내 모든 석사 과정에 똑같이 적용되지는 않습니다. 학교/전공에 따라, 지원 시기와 지원자 수에 따라 해당 기준은 달라질 수 있으니 단순 참고만 해 주세요.

석사는 학사와 비교해 훨씬 더 학교별 차이가 큽니다.

평점

독일대학 석사 과정 지원을 위해 필요한 지원자격 중 학사 평점은 보통 1점 만점에 2.5점입니다(독일식 점수 기준). 이 점수를 한국식 학점으로 계산하면 학사 평점 4.5점 만점에 대략 3.1~3.25점(대학별 졸업 최저평점에 따라 다름) 정도가 됩니다. 하지만 이것은 명목상 최소한의 요구 수준인 경우가 많습니다. 많은 학교들이 이보다 더 높은 학사 평점을 요구하며 지원자가 많고 경쟁률이 높은 전공일수록 석사 과정 합격을 위한 요구 수준이 높아질 수밖에 없습니다.

이수학점

한국 대학의 학사 과정은 학부제로 보통 4년이며 졸업을 위해 필요한 학점은 대략 140학점입니다. 하지만 독일은 학부제가 아니라서 대부분 전공 수업으로만 이루어진 수업을 3~3.5년 동안 들으며 최소 180 ECTS 이상을 이수해야 졸업을 할 수 있습니다.

하지만 한국식 학점을 독일 ECTS로 변환하는 방법과 기준은 대학마다 모두 다르니 위 예시는 단순히 참고만 하세요. 한국에서 이수한 학점을 공식에 맞춰 단순 변환하는 학교도 있지만 한국에서 이수한 전공 과목과 독일 대학 동일/유사전공의 학부 커리큘럼을 비교해서 공통 필수 과목들만 이수 학점으로 인정해 주는 경우도 있습니다.

참고로 우니어시스트[24]에서는 H+ 대학에서 최소 3년간 105학점 이상 이수했을 경우 석사 지원이 가능하다고 인정하는 편입니다. 다만 우니어시스트는 1차 심사만 담당할 뿐, 실제 입학을 최종 결정하는 것은 각 대학이므로, 학교별 차이가 클 수 있습니다.

---

24) 우니어시스트(UNI-ASSIST)는 독일 대학들 중 30% 정도가 원서접수 1차 심사를 위탁 대행하는 기관입니다. 개별 학교의 특별한 요구가 없는 한, 우니어시스트는 아나빈의 입시전형을 그대로 따르고 있습니다. 그러다 보니 최종 입학 심사권한을 가지는 대학에 비해 원서 접수·심사에 융통성이 부족하고, 덤으로 대학 입시전형 수수료보다 비싼 전형료 탓에 비판을 받기도 합니다. 하지만 우니어시스트를 통해 원서접수를 하는 학교들은 1500여개로 꾸준히 그 비율을 유지하고 있습니다.

ECTS

한국의 경우 학점 수는 주당 수업 시간을 기준으로 합니다.

독일의 학점수는 ECTS(European Credit Transfer System), LP(Leistungspunkte), CP(Creditpunkte)라고 불리며 수업 시간 뿐 아니라 해당 과목 이수를 위해 혼자 공부하는 시간과 노력까지 수치화해서 산출합니다. 예를 들어 일주일에 3시간 수업을 하는 건축학 개론 수업의 경우 한국에서는 3학점으로 계산을 하고 독일에서는 5 ECTS로 계산을 하는 식이죠.

학점 (한국)	ECTS (독일)
주당 수업시간	주당 수업시간 + 공부하는 시간 + α

예를 들어 독일 대학에서 한국 학점을 독일식 ECTS로 변환할 때 한국에서 이수한 학점에 1.7~1.8 정도를 곱하기도 하고, 독일식 ECTS에 0.6 정도를 곱해서 한국식 이수 학점을 추산하기도 합니다.

예시 1) 한국 학점에 1.7을 곱하는 경우
한국: 135학점 → 독일 : 229.5ECTS
예시 2) 독일 ECTS에 0.6을 곱하는 경우
독일 180ECTS → 한국: 108학점

필수과목

한국에서 졸업한 학부 전공과 독일 대학 석사 과정으로 지원하는 전공이 같다고 하더라도 한국에서 이수한 전공과목들은 독일대학 입장에서 중요한 확인 사항입니다. 한국에서 졸업한 학사과정 커리큘럼과 독일 대학 동일/유사전공 학사 과정 커리큘럼을 비교하는 것이죠. 만약 독일 대학 학사 과정에는 있으나 한국 대학 학사 과정에는 없는 필수 과목이 있다면, 빠진 과목을 독일에서 이수하도록 하는 경우가 종종 있으며 최악의 경우에는 이를 빌미로 입학을 불허할 수도 있습니다. 같은 전공이라고 하더라도 한국에서조차 약간씩 커리큘럼이 다르다는 것을 염두에 둔다면 독일 대학 석사 과정 지원 시 이런 일은 얼마든지 생길 수 있겠죠. 이런 이유 때문에 독일 학사 과정 지원할 때와 마찬가지로 석사 과정으로 지원할 때도 최대한 많은 가능성을 열어두고 학교/전공별 커리큘럼과 개별적인 입시요강을 꼼꼼히 확인하고 다양한 도시와 학교로 최대한 많이 지원하는 것이 좋습니다.

유사전공

독일에서는 일반적으로 동일한 전공으로 동일한 학위과정을 재지원할 수 없습니다. 예를 들어 한국에서 철학 석사를 취득했다면, 독일에서는 정치학 학사 혹은 철학 박사 지원은 가능하지만, 철학 석사로 다시 지원할 수는 없습니다. 독일에서 석사 과정으로 지원하려면, 동일 전공 혹은 유사 전공의 학사 학위가 일반적으로 있어야 합니다. 이때 독일의 해당 학사 과정과 정확히 맞아떨어지는 전공 커리큘럼이 지원자가 이수한 학사커리큘럼과 최소 35~40학점 이상 일치해야 유사전공으로 인정됩니다. 이 학점수는 학교, 전공마다 상이할 수 있으니 단순히 참고만 하시기 바랍니다. 예를 들어 50학점 이상을 요구하는 경우도 종종 있으니 주의해야 합니다.

석사 지원자격 관련 자주 묻는 질문

일로 석사유학을 가고 싶은데 어떻게 해야 하나요?

가장 기본적인 조건은 동일/유사 전공 학사가 있어야 한다는 점입니다. 한국과 달리 다른 전공으로 계열을 바꾸는건 독일에선 보통 어려운 편입니다.

만일 계열을 경상계열, IT 계열 혹은 디자인 계열로 바꾸고 싶은데 관련 학사가 없다면 사립대의 프리마스터[25] 과정을 추천합니다. 그게 아니라면 어쩔 수 없이 학사부터 다시 하셔야 합니다.

석사 지원자격은 학사 지원자격처럼 간단하지는 않지만 대체로 비슷하게 요구하는 조건들이 있긴 합니다. 예를 들어 지원할 대학 학사과정의 전공필수과목들을 한국 대학에서도 들었어야 한다든지, 평점은 몇 점 이상이어야 한다든지 하는 것들이죠. 많은 분들이 입학 가능성에 대해 물어보시는데 석사과정은 외국인 뿐 아니라 독일학생들조차 커트라인을 대부분 공개하지 않기 때문에 미리 예측하는건 거의 불가능합니다.

또한 수업언어가 독일어인 경우 한국이 아니라 독일현지에서 어학연수를 하고 원서접수를 하기 때문에 한국에서 미리 원서접수를 하고 입학허가서를 받아서 가는 경우는 거의 없습니다. 독일어 연수 역시 대학부설어학원이 아니라 사설학원에서 진행하는게 일반적입니다.

---

25) 유사전공의 기준인 30 ECTS(독일식 학점수) 이상의 수업을 한학기 동안 제공하여 다른 계열의 석사 지원이 빠르게 가능하게끔 하는 제도이며, 사립대에만 개설되어 있습니다. 주로 경상, IT 계열로 제한됩니다.

따라서 일반적인 석사 지원자격이 있다면, 특정대학의 합격가능성을 알지 못한 채 독일로 출국하여 우선 어학연수부터 하셔야 합니다.

유일하게 예외적인 경우는 수업언어가 영어인 경우이며, 이러한 경우에만 한국에서 원서접수를 하고 실제 결과를 받은 후 독일로 출국하시게 됩니다.

영 어과정으로만 지원하고 싶어요.

우선 입학이 급해서 독일 생활에 적응하는 단계도 거치지 않고 바로 입학을 해 버리면 생각보다 독일사람들이 영어를 잘하진 않더라는 얘기가 절로 나옵니다. 마트, 관청, 숙소 행정실과 관리인, 통신사(O2, Vodafone 등)와 DHL(택배) 콜센터 등 대학을 벗어나면 영어로 소통 가능한 경우가 생각처럼 많지는 않습니다.

그래서 이미 학사를 졸업했고 영어성적을 땄다면 빨리 독일로 가서 살면서 독일어 연수도 좀 하고 독일 현지에서 원서접수를 하고 입학하시는 것을 추천합니다.

석사 입학결과는 10월에 개강하는 겨울학기 기준, 8~9월에 나오는 경우가 많아서 그때부터 준비해서 독일로 가면 한 달이 못 되어 석사 과정이 시작됩니다. 즉 독일어 공부나 독일문화/사회에 적응도 못 한 채 어려운 학업이 시작되므로 스트레스가 가중될 수 있습니다.

아직 영어 성적을 못 땄거나 학교, 직장으로 인해 빠른 출국이 어렵다면 어쩔 수 없이 이런 과도기를 거쳐야겠지만, 그게 아니라면 개강 전에 빨리 출국하여 안정적인 시작을 추천합니다. 또한 영어 과정이지만 독일어 증명서를 추가로 요구하는 경우 혹은 그 반대의 경우도 간혹 있어서 주의를 요구합니다.

제 성적으로 OO 대학에 입학이 가능할까요?

독일대학들은 공개하는 커트라인은 대부분 독일인 학사 커트라인 뿐입니다. 석사의 경우 외국인 커트라인은 물론이고 독일인 커트라인도 공개하지 않는 경우가 대부분입니다. 또한 석사는 성적 이전에 이수과목 학점이 아예 없거나 부족하지는 않은지가 더 중요합니다.

이수과목이 다 채워졌다면 그 다음이 성적입니다. 물론 성적이 너무 안 좋다면 즉, 각 대학에서 요구하는 최저 평점 기준을 충족하지 못한다면 좋은 결과를 얻긴 힘들 테니 가능한 한 4.5점 만점에 4점대를 유지하시기를 추천합니다.

대학을 추천해 주세요.

독일대학은 기본적으로 평준화되어 있습니다. 그럼에도 불구하고 전공별로 전통이 오래 되었거나 유명 학자들을 많이 배출하였거나 뛰어난 연구업적이나 성과가 있거나 해서 상대적으로 명성이 있는 학교들이 존재합니다.

오래전 명성만으로 학교를 선택하고 싶지 않다면 매년 발표되는 CHE 랭킹을 주목할 만합니다. 혹은 학과별 커리큘럼과 강사진 및 연구소 분야 및 규모, 최신 저널에 인용되는 교수 등을 찾아볼 수도 있겠습니다.

00 전공으로 석사 유학이 가능한가요?

정확히 같은 전공으로 학사를 하지 않은 경우 혹은 복수전공을 해서 전공 학점수가 줄어든 경우 특정 전공으로 석사 유학이 가능한지 궁금해 하시는 경우들이 있습니다.

원칙적으로는 같은 전공, 유사 전공으로의 석사 지원이 가능하며, 학교에 따라 특정 전공들을 나열하여 지원자격을 서술한 경우도 있습니다. 한 많은 대학들이 분야별로 특정 필수과목과 학점수를 구체적으로 명시하고 있습니다.

이를 채우지 못할 경우 학부에서 수업이수/시험을 치게 하거나 혹은 그냥 바로 불합격처리하기 때문에 00 전공으로 석사 유학이 가능할지 확실히 알아 보려면 원서접수를 하거나 학교별 입시요강을 미리 일일이 보는 수 밖엔 없습니다.

00 대학 석사 지원하려면 어떤 수업을 들어야 하나요?

특정 대학, 학과의 입시요강을 보려면 각 대학 홈페이지를 볼 수밖에 없습니다. 모든 대학은 석사 지원자격을 학과별로 상세하게 홈페이지에서 안내하고 있고, 대부분 특정 학과목까지 리스트를 만들어 필요한 학점 수를 안내하고 있습니다.

학점은행제 혹은 전문대 심화 과정으로 학사를 땄는데 석사 지원이 가능한가요?

일반적인 독일 석사 지원자격은 H+ 학사이며, 최소 3년간 105학점 이상을 취득해야 같은 계열로 석사 지원이 가능합니다. 사이버대, 학은제 학사는 H+/-로 아나빈에 기재되어 있지만 일반적으로 석사 지원이 가능합니다.

다만, 학교에 따라 H+ 학사가 아니라서 불가능할 수도 있습니다. 또한 이런 이유가 아니더라도 개별 상황에 따라 평가는 달라질 수 있기 때문에 실제 결과는 원서접수를 해 봐야 알 수 있습니다. 만약 지금 바로 원서접수를 수 있는 상황이 아니며, 단순히 지원자격만 먼저 검토받고 싶다면 제이클래식의 학력평가서비스를 추천드립니다.

한 두 군데만 지원할 건데요.

가끔 전세계 유학을 다 고려하고 있어서 독일 뿐 아니라 미국, 영국, 호주, 싱가폴, 네덜란드 등등 다양한 나라의 대학으로 원서접수를 하는 경우가 있습니다.

상황이 이렇다면 사실 독일만 지원대학 숫자를 늘리라는 얘긴 드리기 힘들겠죠. 만일 이런 경우가 아니고 독일유학을 주로 생각하고 계시다면 원하는 학교가 아니더라도 무조건 최대한 많은 학교로 지원하시라고 추천드립니다.

이유는 위에 안내드린 대로 이수학점수 때문에 성적이 좋아도 지원이 안되는 경우가 발생할 수 있고, 이 외에도 정말 다양한 변수 때문에 입학이 안되는 학교들이 나올 수 있기 때문에 그렇습니다.

한 예로 어떤 분은 지원대학에서 1차 서류전형을 통과해 시험일정이 다 됐는데 갑자기 불과 이틀 전에 오지 말라는 편지를 받기도 했습니다. 매우 드문 케이스이고, 아마도 코로나 방역 때문에 시험 인원을 줄여야 해서일 수도 있을 듯 한데 어찌 됐든 한 군데만 지원했다면 큰 일 날 상황입니다.

또 다른 예로 어떤 분은 공증사본을 우편으로 학교에 제출했는데 독일을 포함한 EU 전체의 면세한도가 철폐되면서 16일 만에 서류가 반송되어 결국 지원마감일을 넘기고 말았습니다. 원서접수 가능한 시점이 1년에 한번 뿐인 학교가 많고, 많아 봤자 두번이라서 만일 목표로 하고 마음에 드는 학교 한 군데만 지원하고 이런 일이 발생한다면 타격이 매우 커집니다.

특정 대학을 지원한 수 많은 이유가 있긴 하겠지만, 독일대학의 수준은 학사 과정 뿐 아니라 석사 과정도 기본적으로 평준화되어 있기 때문에 커리큘럼만 마음에 든다면 다른 많은 대학들에 최대한 많이 지원해 보시기를 적극적으로 추천드립니다.

석사 지원 시 전공 바꾸는 방법

독일대학 석사 지원자격은 동일 전공 혹은 유사전공으로 취득한 학사 학위, 최저 평점, 필수과목 이수, 최저 학점수 등을 기준으로 합니다. 간단히 쓰면, 독일에서 대학 지원을 할 때 아래와 같은 규칙이 대체로 적용됩니다.

> **독일에서는**
>
> ① 해외에서 이미 취득한 동일전공, 동일과정으로는 진학이 불가능합니다.
>
> ② 고등학교를 졸업했다면 수능과 같은 계열로만 학사 지원이 가능합니다.
>
> ③ 대학교를 졸업했다면 대학 전공과 같은 계열로만 석사 지원이 가능합니다.

그렇다면 학사와 다른 전공으로 석사 지원을 하는 것은 불가능할까요? 답은 그렇지 않다, 입니다.

위 조건은 일반적인 아나빈의 가이드라인이며, 이와 다른 예외가 많지는 않아도 있을 수 있습니다.

아래에서 예외적인 조건에 대해 확인하세요.

프리마스터 Pre Master

독일 석사과정은 대부분 동일 전공 혹은 유사전공 학사에서 지원 가능합니다. 유사전공의 기준은 학교마다 다르지만, 독일식 학점으로 최소 30 ECTS 이상의 공통 커리큘럼이 있어야 합니다. 사립대 중에는 이 최소학점을 채우기 위한 프리마스터 과정을 제공하는 경우가 있습니다. 프리마스터 과정은 보통 한 학기동안 진행되며, 사립대이다 보니 대부분 경상계열이며, 드물게 미술과 같은 다른 전공으로도 개설되어 있습니다. 국립대는 대부분 프리마스터 과정을 제공하지 않는 편입니다.

직업경력

만일 관련분야에서 일한 경력이 있다면 다른 전공 학사학위로도 석사 지원이 가능한 경우가 있습니다. 하지만 이런 경우는 드문 편이기 때문에 이런 학위과정을 제공하는 학교와 학과를 찾는 것이 중요합니다. 몇 몇 사립대 중에는 직장경력을 6개월 이상 갖고 있을 때 전공이 달라도 석사 지원이 가능한 경우가 있습니다.

MBA

다른 공으로 석사 지원이 가능한 가장 대표적인 경우는 바로 MBA입니다. 거의 대부분의 MBA 과정은 전공을 불문하고 학사 학위와 직장경력이 있다면 지원 가능합니다.

03 성적반영비율과 환산식

어학과 지원자격을 갖추었을 경우 정원 제한이 없는 학과는 입학이 비교적 쉽지만, 정원이 있는 학과는 점수순으로 입학하므로 인기 학과의 입학은 매우 어려울 수 있습니다. 독일식 점수는 최종 학력에 따라 다음과 같은 비율로 계산됩니다. 이는 아나빈과 우니어시스트의 가이드라인입니다. 이 가이드라인은 별도의 공지 없이 갑자기 바뀔 수 있으며, 간혹 직원마다 기준이 다른 경우도 있었습니다. 또한 전공/학교별로 진행되는 실제 입학 심사에서는 계산방식과 기준이 다를 수 있다는 점도 참고해 주세요.

성적반영비율

구분	최종 학력	항목	비율
①	고등학교 졸업자	수능평균	-
②	대학교 재학생 (①번만으로 대학지원자격이 있을 경우)	수능평균	-
③	대학교 재학생 (①번만으로는 지원자격이 없고, 대학 재학 학력으로 지원자격이 충족될 경우)	수능평균:대학성적평균	1:1
④	대학교 졸업생	대학성적평균	-
⑤	슈투디엔콜렉 졸업생	한국 학력을 독일식으로 변환한 점수: 콜렉성적	1:1

독일식 점수 환산식

독일대학 지원 시 세계 각 나라의 점수를 독일식 점수로 환산하여 사용하게 됩니다. 한국의 성적을 독일식으로 환산하는 계산식은 아래와 같습니다. 일명 "수정 바이에른 공식 (modifizierte bayerische formel)"이라 불립니다.

수정 바이에른 공식

$$x = 1 + 3 \times \frac{Nmax - Nd}{Nmax - Nmin}$$

① x 구하고자 하는 독일식 점수
② Nmax 최고점수
③ Nmin 최저점수
④ Nd 환산하고자 하는 한국식 점수

한국의 성적 종류별 최고 및 최저점수는 아래와 같습니다.

1) 수능성적 평균 (모든 과목 전체 평균)
   - 최고점수(Nmax): 1
   - 최저점수(Nmin): 4.4

2) 대학교 성적 평균 (CGPA)
- 최고점수(Nmax): 4.5(혹은 4.3)
- 최저점수(Nmin): 각 대학의 졸업 최저 점수

환산점수는 소수점 둘째자리에서 반올림합니다.
예시) 수능성적 평균: 3등급
독일식 점수 x2=1+3*((1-3)/(1-4.4))=2.8
※ 독일식 점수는 1점에 가까울수록 높은 점수입니다.

04 커트라인

커트라인 목차

독일대학 커트라인의 의미 209
주요 학과별 커트라인 215
외국인 커트라인 228
독일에서 성적 올리는 방법... 238

NC WERTE

독일의 2만여 개 학석사과정 중에 인원을 제한하는 학과의 비율은 약 40% 정도입니다. 각 대학 홈페이지에는 대부분의 인원제한학과 학사과정의 커트라인을 공개합니다. 외국인은 특별전형으로 들어가는 경우가 많아서 이와 상관없이 외국인 커트라인을 따로 봐야 하는데 아쉽게도 이를 공개하는 학교는 극소수에 불과합니다.

독일대학 커트라인의 의미
- 내 성적으로 희망대학 진학이 가능할까?

많은 이들이 내 성적으로 OO 대학에 갈 수 있을지를 궁금해합니다. 한국 입시학원처럼 학교별, 학과별 커트라인이 명료하게 안내된다면 좋겠지만, 아쉽게도 독일대학은 그렇지가 않습니다. 물론 독일에서 공부한 학생들의 학사 입학 커트라인은 명확하게 안내되는 편입니다.

하지만 외국인은 외국인들끼리 5~10%의 할당을 두고 경쟁하게 되는데, 아쉽게도 이에 대한 커트라인은 대부분 대학에서 공개하지 않습니다. 또한 독일 학력이라 하더라도 석사 입학 시 커트라인은 대부분 공개하지 않습니다.

독일대학은 60% 정도(약 12,000여 개의 학석사과정)의 학과정이 인원 제한을 하지 않습니다. 특별한 추가전형이 없는 경우도 많아서 독일대학은 일반적으로 입학은 쉽고, 졸업은 어렵죠. 그래도 나머지 40%의 학과 지원자들은 학교 입학이 가능한지 당연히 궁금하실 겁니다. 특히 의대, 치대 등 커트라인이 높은 학과 진학을 희망하는데 덜컥 독일로 출국해서 어학부터 시작하는 게 무모하지 않은지, 외국인 커트라인은 공개되지 않기 때문에 아예 예측을 포기해야 할지 혹은 한국에서 어학을 다 마치고 원서접수를 한 다음 입학허가서를 받아서 가야 할지 등 많은 의문이 있을 겁니다.

답은 그렇지 않다, 입니다.

속 시원한 답을 드리지는 못해도 비슷한 답은 드릴 수 있습니다. 무엇보다도 한국에서의 독일어 학습이 효과적이지 않고, 독일 현지에서의 어학연수가 필수적이기 때문에 희망대학, 학과의 입학 가능성을 약간은 가늠하고 출국하시는 것도 가능은 합니다. 물론 그 전에 일반적인 학석사 지원자격은 충족하는 것이 좋습니다. 위에 잠깐 안내하였듯이 독일 학생들의 학교별, 전공별 커트라인 비교를 통해 유추할 수 있습니다.

우선 스스로 점수를 독일식으로 변환하거나 제이클래식 학력평가서비스를 통해 본인의 학력과 점수를 확인합니다.

다음으로 독일 학생들의 학교별, 전공별 최신 커트라인과 비교하여 합격 여부를 추정합니다. 단, 이 성적은 매 학기 달라지고, 유명한 학교라도 무조건 정원 제한이 있다거나 성적이 높지 않다는 게 독일대학의 특징이라는 점을 미리 알고 계시는 것이 좋습니다. 무엇보다도 독일 학생들의 학사과정 커트라인일 뿐 외국인 및 석사과정과의 오차가 클 수 있다는 점을 꼭 유념해 주세요. 그래도 누군가는 꼭 입학허가서를 받아서 독일로 출국하길 원할 수도 있습니다. 문제는 독일어 증명서인데요.

독일대학의 학석사 과정 중 90% 이상이 독일어로 수업이 진행됩니다. 영어로 수업이 진행되는 과정은 10% 미만이니 참고하세요.

대학교 입학을 위한 독일어 증명서는 대체로 C1을 마치고 특정 시험에 합격한 수준입니다. 초급부터 시작해서 매일 어학원을 다니며 공부를 했을 때 C1을 마치려면 보통 독일에서도 1년~2년 정도가 소요됩니다. 수료증으로는 대학입학이 불가능하므로, 특정시험을 쳐야 하는데, 이 시험에 한 번에 붙는다는 보장이 없어서 보통 어학소요시간을 독일 현지에서 1년~2년 정도를 잡게 됩니다.

한국에서 이 수준까지 어학을 하고, 시험을 치는 것도 가능은 합니다. 다만, 시간이 오래 걸리고, 말하기, 듣기 부분이 너무도 취약해서 독일 현지에서 기초

반으로 다시 내려가서 복습하는 경우가 많은 편이라 너무도 비효율적입니다.

그렇다면 아예 한국에서 어학합격증까지 따고, 대학입학을 위한 최종 허가서도 취득한 후 독일에 간다면 문제가 해결될까요? 오히려 대학 입학 후에 수업이 들리지가 않고 수업에 참여해도 말을 하지 못해서 학업에 지장이 생겨 오히려 다시 어학원을 다니고 싶어집니다. 시험합격증을 따는 것도 중요하지만, 그보다는 실제 학업이 가능하게끔 읽기, 쓰기, 말하기, 듣기 4가지 영역의 실질적인 커뮤니케이션 능력을 키우는 게 관건입니다.

어떻게 대학 입학보장도 없이 독일로 갈 수 있나요? 이런 현실적인 문제들로 인해 대부분 유학생은 한국에서 원서접수를 하거나 입학허가서를 받고 독일로 출국하지 못합니다.

그렇다면 대학 입학허가서도 없고, 입학보장도 없는데 독일로는 어떻게 갈 수 있을까요?

첫째, 일반적인 학석사 지원자격을 확인합니다.

둘째, 국립대학은 모두 평준화되어 있다는게 그냥 하는 말이 아니라, 진짜 사실입니다. 최대한 많은 학교에 지원하고, 어디든 오라는 학교로 가서도 괜찮습니다. 물론 석사과정의 경우 원하시는 프로젝트와 커리큘럼, 교수가 있는지를 보셔야겠지만요.

셋째, 의대처럼 입학이 매우 어려운 전공을 희망하신다면 당연히 입학한다는 보장이 없습니다. 따라서 1지망을 정하고 이를 목표로 지원은 하되, 안될 경우를 대비해 2~3지망 학과를 미리 염두에 두고 출국하는 게 좋습니다. 예를 들어 약학, 치의학, 수의학, 생물학, 생명공학 혹은 다른 보건계열 전공들이 대안이 될 수 있겠죠.

만일 원하는 학과가 아니라면, 독일유학이 무의미하다고 생각한다면, 또한 특정 대학이 아니라면 독일유학이 무의미하다고 생각한다면 어쩔 수 없이 한국에서 어학을 모두 마치고 대학입학허가서를 받아서 가야 할 겁니다. 하지만 이런 경우라 하더라도 한국에서 들인 시간과 노력, 돈이 문제가 될 겁니다.

처음으로 다시 돌아가서, 결국 대학입학허가서 없이 독일로 출국해서 어학연수부터 해야 한다는 거고, 이런 경우에는 그나마 독일 학사과정 커트라인을 통해 입학 가능성을 유추해 보는 정도에서 만족할 수 밖에 없는 것입니다. 사실 독일대학의 전공별 커트라인도 매 학기 달라지며, 인원 제한 여부 역시 매 학기 다를 수 있습니다. 또한 커트라인을 몰라도 크게 상관없는 학과들이 더 많기도 하구요. 다만 그래도 꼭 알고자 하시는 분들께는 미흡하나마 대안이 될 수는 있겠습니다.

다음으로 독일의 커트라인과 관련해 한국에 있는 독일유학 준비생들이 흔히 하는 오해가 있습니다.

독일대학 커트라인에 대한 오해

① 유명한 대학은
입학이 어렵다

② 유명한 대학은 모두
인원 제한이 있고
커트라인이 높다

③ 인원 제한을 하는 학과는
항상 상대평가를 한다

하지만 실제로는!

① 유명한 대학이라도
인원 제한을 하지 않는다면
입학이 쉽다

② 유명한 대학이라도
학교정책이나 예산에 따라
인원 제한을 하지 않기 때문에
커트라인 자체가 없는
경우가 많다

③ 인원 제한은 3~4년마다 바뀔 수 있다

예를 들어 한국에 있는 유학생들이 많이 얘기하는

1. 아헨 공대가 위치한 아헨 지역의 경우 2022/23 겨울학기 기준 인원 제한 학과의 비율이 고작 25%에 불과합니다.

2. 마찬가지로 유명한 하이델베르크는 41% 수준입니다.

3. 뮌헨 공대, 뮌헨 종합대 등이 위치한 뮌헨지역의 경우는 이보다는 좀 높아서 52% 수준입니다. 그래도 절반 정도의 학과가 인원 제한이 없어서 이런 과들은 입학이 상대적으로 쉬운 편입니다.

한국으로 치면 전공에 따라 서울대만큼이나 유명한 학교들이 의외로 인원 제한도 하지 않아 커트라인도 없다는 게 독일유학의 특징입니다. 물론 더 자세하게 설명하자면 인원 제한을 하지 않아도 추가전형이 있거나 최저 합격점이 있을 수도 있긴 합니다.

독일대학은 입학이 어렵지 않은 경우가 많고,
입학이 쉽다고 안 좋은 학교도 아닙니다.

그래도 커트라인을 알고 싶은 분들을 위해 다음에서 몇 가지 전공별 커트라인을 안내드릴 테니 참고하세요.

주요 학과별 커트라인

많은 이들이 내 성적으로 의대 진학이 가능할지 궁금해합니다. 국내 입시 학원처럼 학교별, 학과별 커트라인이 명료하게 안내된다면 좋겠지만, 아쉽게도 독일대학은 그렇지가 않습니다. 물론 독일에서 공부한 학생들의 학사 입학 커트라인은 명확하게 안내되는 편입니다. 하지만 외국인은 외국인들끼리 5~10%의 할당을 두고 경쟁하게 되는데, 아쉽게도 이에 대한 커트라인은 대부분 대학에서 공개하지 않습니다.

아래에서는 독일 학생들의 학과별 커트라인(2022/23 겨울학기 기준)을 안내드리겠습니다. 외국인 커트라인과의 차이는 크겠지만, 학교별 인기도를 보는 참고자료로 쓸 순 있겠습니다.

의학과 커트라인

심사기준은 아래와 같습니다. 점수는 모두 독일 아비투어[26] 기준입니다. 외국인 전형은 대부분 평균점수이며, 경우에 따라 과목별 가산점이 있을 수 있습니다.

1. 평균점수: 20%. 2020년부터 30%로 인상됨.
2. 대기시간: 20%. 2020년부터 2022년까지 점진적으로 폐지되며, 대신 추가 적합성 검사가 10%를 차지함.
   1) TMS 점수: 60%. 의대 입학시험(필기시험, 외국인은 해당사항 없음.)
   2) 대기시간: 30%.

---

26) Abitur. 독일의 대학입학자격 중 가장 높은 수준의 자격이며, 고등학교 2년간 내신점수와 최종졸업시험성적이 합산되어 점수가 계산됩니다. 1점이 최고점, 4점이 최저점입니다.

3) 기타점수: 10%. 직업교육, 군가산점 등. 외국인은 대부분 해당사항 없음.

3. 조정점수: 60%. 평균점수에 학교별 가산점을 합산한 점수(아래 항목별 비중은 학교마다 조금씩 다를 수 있음.)
   1) 평균점수: 46%
   2) TMS 점수: 44%. 의대 입학시험(필기시험, 외국인은 해당 사항 없음.)
   3) 기타점수: 10%. 직업교육, 군 가산점 등. 외국인은 대부분 해당 사항 없음. 경우에 따라 인터뷰, 경력, 적성검사 등이 학교별 가산점에 반영될 수 있음. Test As[27]를 요구하는 학교일 경우 마찬가지로 이 항목에서 반영됨.

> 외국인은 TMS 시험을 치지 않고,
> 군 가산점이나 직업교육 가산점도
> 대부분 없어서 대체로
> **모국에서 취득한 평균점수로 입학한다**고
> 볼 수 있습니다.
> 예외가 있을 수 있지만, 대부분 국내 의대 진학이
> 가능한 성적이 있어야 독일 의대 진학도 가능하다고
> 알려져 있습니다.
> 일부 대학에서는 독일어 점수, Test As 점수,
> 콜렉 및 프로페도이쿰 졸업점수, 독일대학 재학 여부,
> 관련 직업교육 졸업 등에 가산점이 부여될 수 있습니다.

---

27) Test-As(테스트아스)는 간단한 언어테스트(괄호 넣기)와 전공별 계산 및 연상테스트(IQ테스트와 유사), 전공테스트(인문사회과학, 자연과학 및 컴퓨터공학, 경제학, 공학부문으로 각각 나뉘어 전공공부를 위해 필수적인 기초지식 테스트) 등으로 구성되며, 지원 시 필수서류로 요구하거나 지원 시 가산점을 주는 학교가 간혹 있습니다.

커트라인이 1.0점인 경우

- 아래 경우를 제외한 모든 대학, 모든 주
- 모든 주 커트라인이 1.0인 학교[28]: Uni Augsburg, Charité Universitätsmedizin Berlin, Uni Erlangen-Nürnberg, Uni Freiburg, Uni Göttingen, Uni Hamburg, Uni Heidelberg, Uni Köln, Uni Lübeck, Uni München, Uni Münster, Uni Regensburg, Uni Tübingen, Würzburg

커트라인이 1.0점보다 낮은 경우

- 1.1점
  - TH Aachen: 슐레스비히-홀스타인 주에서 지원
  - Uni Bielefeld: 니더작센, 슐레스비히-홀스타인 주에서 지원
  - Uni Bochum: 바덴뷔르템베르크, 바이에른, 베를린, 함부르크, 헤센, 라인란트-팔츠, 작센-안할트 주에서 지원
  - Uni Bonn: 함부르크, 니더작센, 라인란트-팔츠, 슐레스비히-홀스타인 주에서 지원
  - Uni Dresden: 함부르크, 니더작센, 라인란트-팔츠, 슐레스비히-홀스타인 주에서 지원
  - Uni Dresden/Chemnitz: 바덴뷔르템베르크, 바이에른, 베를린, 브레멘, 함부르크, 헤센, 노르트라인-베스트팔렌, 라인란트-팔츠, 작센-안할트 주에서 지원
  - Uni Duisburg-Essen: 바덴뷔르템베르크, 바이에른, 베를린, 함부르크, 헤센, 니더작센, 라인란트-팔츠, 작센-안할트 주에서 지원
  - Uni Düsseldorf: 니더작센, 슐레스비히홀스타인 주에서 지원
  - Uni Erlangen-Nürnberg/Bayreuth: 니더작센, 슐레스비히홀스타인 주에서 지원

---

28) 전국 평균 입학 커트라인이 가장 높은 학교들이라고 볼 수 있겠습니다.

- Uni Frankfurt/Main: 바덴뷔르템베르크, 바이에른, 함부르크, 헤센, 니더작센, 라인란트-팔츠, 작센-안할트 주에서 지원
- Uni Gießen: 바덴뷔르템베르크, 바이에른, 베를린, 브레멘, 함부르크, 헤센, 노르트라인-베스트팔렌, 라인란트-팔츠, 작센-안할트 주에서 지원
- Uni Greifswald: 바덴뷔르템베르크, 바이에른, 베를린, 함부르크, 헤센, 라인란트-팔츠, 작센-안할트 주에서 지원
- Uni Halle-Wittenberg: 바덴뷔르템베르크, 바이에른, 베를린, 브레멘, 함부르크, 헤센, 노르트라인-베스트팔렌, 라인란트-팔츠, 작센-안할트 주에서 지원
- MH Hannover: 슐레스비히-홀스타인 주에서 지원
- Uni Heidelberg/Mannheim: 니더작센, 슐레스비히-홀스타인 주에서 지원
- Uni Jena: 바덴뷔르템베르크, 바이에른, 베를린, 브란덴부르크, 브레멘, 함부르크, 헤센, 노르트라인-베스트팔렌, 라인란트-팔츠, 작센-안할트 주에서 지원
- Uni Kiel: 함부르크, 니더작센, 라인란트-팔츠, 슐레스비히 홀스타인 주에서 지원
- Uni Leipzig: 니더작센, 슐레스비히-홀스타인 주에서 지원
- Uni Magdeburg: 바덴뷔르템베르크, 바이에른, 베를린, 브란덴부르크, 브레멘, 함부르크, 헤센, 노르트라인-베스트팔렌, 라인란트-팔츠, 작센-안할트 주에서 지원
- Uni Mainz: 니더작센, 슐레스비히-홀스타인 주에서 지원
- Uni Marburg: 바덴뷔르템베르크, 바이에른, 함부르크, 헤센, 니더작센, 라인란트-팔츠, 작센-안할트 주에서 지원
- Uni Oldenburg: 니더작센, 슐레스비히-홀스타인 주에서 지원
- Uni Rostock: 바덴뷔르템베르크, 바이에른, 베를린, 브레멘, 함부르크, 헤센, 노르트라인-베스트팔렌, 라인란트-팔츠, 작센-안할트 주에서 지원
- Uni Saarbrücken: 바덴뷔르템베르크, 바이에른, 베를린, 브레멘, 함부르크, 헤센, 노르트라인-베스트팔렌, 라인란트-팔츠, 작센-안할트 주에서 지원
- Uni Ulm: 함부르크, 니더작센, 슐레스비히-홀스타인 주에서 지원

- 1.2점
  - Uni Bochum: 니더작센, 슐레스비히-홀스타인 주에서 지원

- Uni Dresden/Chemnitz: 니더작센, 슐레스비히-홀스타인 주에서 지원
- Uni Duisburg-Essen: 슐레스비히-홀스타인 주에서 지원
- Uni Frankfurt/Main: 니더작센, 슐레스비히-홀스타인 주에서 지원
- Uni Gießen: 니더작센, 슐레스비히-홀스타인 주에서 지원
- Uni Greifswald: 니더작센, 슐레스비히-홀스타인 주에서 지원
- Uni Halle-Wittenberg: 니더작센, 슐레스비히-홀스타인 주에서 지원
- Uni Jena: 니더작센, 슐레스비히-홀스타인 주에서 지원
- Uni Magdeburg: 니더작센, 슐레스비히-홀스타인 주에서 지원
- Uni Marburg: 슐레스비히-홀스타인 주에서 지원
- Uni Rostock: 니더작센, 슐레스비히-홀스타인 주에서 지원
- Uni Saarbrücken: 슐레스비히-홀스타인 주에서 지원

- 1.3점 이하 합격생은 없음.

외국인은 전체 정원 중 5% 할당을 받으며, 한국에서 취득한 점수를 독일식 점수(1점~4점)로 환산합니다. 독일식 점수는 1~4점 중 1점에 가까울수록 좋은 점수입니다.

※ 참고자료: 수능 기준 독일식 점수 환산표

수능 평균	독일 점수/아비투어	독일 점수/총점
1등급	1.0	823~900점
2등급	1.9	661~678점
3등급	2.8	499~516점
4등급	3.6	355~372점
4.4등급	4.0	300점

기계공학과 커트라인

기계공학은 인원제한이 없는 학교가 많은 편입니다. 인원을 제한하지 않을 경우 입학이 크게 어렵지 않지만, 학교 자체 최저점수가 있거나 실습증명, 지원동기서, 드물게 인터뷰와 같은 추가전형이 있을 수 있습니다.

(ㄱ~ㅎ 순)

다름슈트트 공대	인원제한 없음
다름슈타트 응용과학대	인원제한 없음
도르트문트 공대	인원제한 없음
뮌헨 공대	인원제한 없음. 자체 전형
베를린 공대	전원 입학
베를린 공업경영 응용과학대	전원 입학
보훔 종합대	인원제한 없음
부퍼탈 종합대	인원제한 없음
브라운슈바이크 공대	인원제한 없음
슈투트가르트 종합대	인원제한 없음
아헨 공대	인원제한 없음
아헨 응용과학대	인원제한 없음
에센-두이스부르크 종합대	인원제한 없음
에어랑엔-뉘른베르크 종합대	인원제한 없음
카를스루에 공대	인원제한 없음
켐니츠 공대	인원제한 없음
코트부스 공대	인원제한 없음
클라우스탈 공대	인원제한 없음
파더보른 종합대	인원제한 없음
하노버 종합대	인원제한 없음

외국인은 전체 정원 중 5~10% 할당을 받으며, 한국에서 취득한 점수를 독일식 점수(1점~5점)로 환산합니다. 독일식 점수는 1~5점 중 1점에 가까울수록 좋은 점수입니다.

경영학과 커트라인

경영학은 인원제한을 하는 경우가 많은 편입니다. 성적이 가장 중요한 기준이며, 추가로 실습-직장경력, 지원동기서, 영어 성적이나 드물게 인터뷰와 같은 추가전형이 있을 수 있습니다.

(ㄱ~ㅎ 순)

그라이프스발트 종합대	인원제한 없음
두이스부르크-에센 종합대	전원 입학
뒤셀도르프 종합대	2.0
레겐스부르크 종합대	인원제한 없음
만하임 종합대	인원제한 있음. 자체 전형
뮌스터 종합대	2.5
뮌헨 종합대	1.9
바이로이트 종합대	인원제한 없음
베를린 자유대	1.5
베를린 훔볼트 종합대	1.7
브레멘 종합대	전원 입학
아우크스부르크 종합대	전원 입학
아헨 공대	2.1
코트부스 공대	인원제한 없음
쾰른 종합대	1.3
클라우스탈 공대	인원제한 없음
킬 종합대	3.4
트리어 종합대	인원제한 없음
포츠담 종합대	2.2
함부르크 종합대	2.2

외국인은 전체 정원 중 5~10% 할당을 받으며, 한국에서 취득한 점수를 독일식 점수(1점~5점)로 환산합니다. 독일식 점수는 1~5점 중 1점에 가까울수록 좋은 점수입니다.

컴퓨터공학과 커트라인

컴퓨터공학은 인원제한이 없는 학교가 많은 편입니다. 인원을 제한하지 않을 경우 입학이 크게 어렵지 않지만, 학교 자체 최저점수가 있거나 실습-직장 경력, 지원동기서, 드물게 인터뷰와 같은 추가전형이 있을 수 있습니다.

(ㄱ~ㅎ 순)

다름슈타트 공대	인원제한 없음
도르트문트 공대	인원제한 없음
뒤셀도르프 종합대	인원제한 없음
드레스덴 공대	인원제한 없음
마인츠 종합대	인원제한 없음
뮌스터 종합대	2.6
뮌헨 공대	인원제한 없음. 자체 전형
베를린 공대	1.9
베를린 훔볼트 종합대	전원 입학
보훔 종합대	전원 입학
본 종합대	2.2
브라운슈바이크 공대	인원제한 없음
아헨 공대	2.0
에어랑엔-뉘른베르크 종합대	인원제한 없음
코블렌츠 종합대	인원제한 없음
콘스탄츠 종합대	인원제한 없음
프랑크푸르트 종합대	인원제한 없음
하노버 종합대	전원 입학
함부르크종합대	2.3

외국인은 전체 정원 중 5~10% 할당을 받으며, 한국에서 취득한 점수를 독일식점수 (1점~5점)로 환산합니다. 독일식 점수는 1~5점 중 1점에 가까울 수록 좋은 점수입니다.

심리학과 커트라인

심리학은 대부분 인원제한학과입니다. 독일에서는 문과 중 가장 커트라인이 높은 전공입니다.

(ㄱ~ㅎ 순)

다름슈타트 공대	1.5
드레스덴 공대	1.2
라이프치히 종합대	1.0
레겐스부르크 종합대	1.3
뮌스터 종합대	1.0
뮌헨 종합대	1.1
밤베르크 종합대	1.2
베를린 자유대	1.0
베를린 훔볼트 종합대	1.0
본 종합대	1.0
보훔 종합대	1.2
브레멘 종합대	1.4
빌레펠트 종합대	1.3
에어랑엔-뉘른베르크 종합대	1.4
에센-두이스부르크 종합대	1.2
오스나브뤼크 종합대	1.3
카셀 종합대	1.4
코블렌츠 종합대	인원제한 없음
트리어 종합대	1.6
프라이부르크 종합대	1.6
프랑크푸르트 종합대	1.3

외국인은 전체 정원 중 5~10% 할당을 받으며, 한국에서 취득한 점수를 독일식점수 (1점~5점)로 환산합니다. 독일식 점수는 1~5점 중 1점에 가까울 수록 좋은 점수입니다.

수의학과 커트라인

독일 수의대 심사기준은 아래와 같습니다. 점수는 모두 독일아비투어 기준입니다. 아비투어는 내신+수능 합산된 것과 대체로 비슷합니다. 외국인전형은 대부분 평균점수이며, 경우에 따라 과목별 가산점이 있을 수 있습니다.

1. 평균점수: 20%. 2020년부터 30%로 인상됨.

2. 대기시간: 20%. 2020년부터 2022년까지 점진적으로 폐지되며, 대신 추가적합성검사가 10%를 차지함.
   1) TMS 점수: 60%. 수의대 입학시험(필기시험). 외국인은 해당사항 없음.
   2) 대기시간: 30%. 외국인은 해당사항 없음.
   3) 기타점수: 10%. 직업교육, 군가산점 등. 외국인은 대부분 해당사항 없음.

3. 조정점수: 60%. 평균점수에 학교별 가산점을 합산한 점수(아래 항목별 비중은 학교마다 조금씩 다를 수 있음.)
   1) 위 1) 평균점수: 46%
   2) TMS 점수: 44%. 수의대 입학시험(필기시험). 외국인은 해당사항 없음.
   3) 기타점수: 10%. 직업교육, 군가산점 등. 외국인은 대부분 해당사항 없음. 경우에 따라 인터뷰, 경력, 적성검사 등이 학교별 가산점에 반영될 수 있음. 테스트아스를 요구하는 학교일 경우 마찬가지로 이 항목에서 반영됨.

외국인은 TMS 시험을 치지 않고,
군 가산점이나 직업교육 가산점도
대부분 없어서 대체로
**모국에서 취득한 평균점수로
입학한다**고 볼 수 있습니다.
예외가 있을 수 있지만, 대부분 국내 의대 진학이
가능한 성적이 있어야 독일 의대 진학도
가능하다고 알려져 있습니다.
어떤 경우에는 독일어 점수, Test As 점수,
콜렉 및 프로페도이쿰 졸업점수, 독일대학 재학 여부,
관련 직업교육 졸업 등에 가산점이 부여될 수 있습니다.

커트라인이 1.0점인 경우

- FU Berlin: 없음
- Uni Gießen: 없음
- Tierärztliche Hochschule Hannover: 없음
- Uni Leipzig: 자를란트 주에서 지원
- Uni München: 없음

커트라인이 1.0점보다 낮은 경우

- 1.1점
  - FU Berlin: 없음
  - Uni Gießen: 없음
  - Tierärztliche Hochschule Hannover: 없음

- Uni Leipzig: 베를린, 브란덴부르크, 메클렌부르크-포어포머른, 노르트라인-베스트팔렌, 작센, 튀링엔 주에서 지원
- Uni München: 없음

- 1.2점
  - FU Berlin: 브란덴부르크, 메클렌부르크-포어포머른, 자를란트, 작센, 튀링엔 주에서 지원
  - Uni Gießen: 브란덴부르크, 메클렌-포어포머른, 자를란트, 작센, 튀링엔 주에서 지원
  - Tierärztliche Hochschule Hannover: 브란덴부르크, 메클렌-포어포머른, 자를란트, 작센, 튀링엔 주에서 지원
  - Uni Leipzig: 바덴-뷔르템베르크, 바이에른, 브레멘, 함부르크, 헤센, 라인란트-팔츠, 작센-안할트 주에서 지원
  - Uni München: 브란덴부르크, 자를란트, 튀링엔 주에서 지원

- 1.3점
  - FU Berlin: 바덴-뷔르템베르크, 베를린, 함부르크, 헤센, 노르트라인-베스트팔렌 주에서 지원
  - Uni Gießen: 바덴-뷔르템베르크, 베를린, 함부르크, 헤센, 노르트라인-베스트팔렌 주에서 지원
  - Tierärztliche Hochschule Hannover: 바덴-뷔르템베르크, 바이에른, 베를린, 함부르크, 헤센, 노르트라인-베스트팔렌, 작센-안할트 주에서 지원
  - Uni Leipzig: 니더작센, 슐레스비히-홀스타인 주에서 지원
  - Uni München: 바덴-뷔르템베르크, 베를린, 함부르크, 메클렌부르크-포어포머른, 노르트라인-베스트팔렌, 작센 주에서 지원

- 1.4점
  - FU Berlin: 바이에른, 브레멘, 라인란트-팔츠, 작센-안할트 주에서 지원
  - Uni Gießen: 브레멘, 라인란트-팔츠, 작센-안할트 주에서 지원
  - Tierärztliche Hochschule Hannover: 브레멘, 니더작센, 라인란트-팔츠, 슐레스비히-홀스타인 주에서 지원

- Uni Leipzig: 없음
- Uni München: 바이에른, 브레멘, 헤센, 라인란트-팔츠, 작센-안할트 주에서 지원

- 1.5점
    - FU Berlin: 니더작센, 슐레스비히-홀스타인 주에서 지원
    - Uni Gießen: 니더작센, 슐레스비히-홀스타인 주에서 지원
    - Tierärztliche Hochschule Hannover: 없음
    - Uni Leipzig: 없음
    - Uni München: 니더작센, 슐레스비히-홀스타인 주에서 지원

외국인은 전체 정원 중 5% 할당을 받으며, 한국에서 취득한 점수를 독일식점수(1점~5점)로 환산합니다. 독일식 점수는 1~5점 중 1점에 가까울 수록 좋은 점수입니다.

외국인 커트라인
- 베를린 자유대

일반적으로 외국인들의 대학입학 커트라인 그리고 모든 학생들의 석사과정 커트라인은 공개되지 않습니다. 하지만 모든 대학이 그런 것은 아니고, 극소수의 대학은 공개하고 있습니다.

그 중 하나인 베를린자유대(Freie Universität, 약칭 FU)의 외국인 학사 커트라인과 독일인 석사 커트라인을 안내드리겠습니다.

자유대(FU) 학사 외국인 커트라인

1.0점 만점 기준, 점수가 낮을 수록 좋은 점수입니다.

(2022/23년 겨울학기 기준)

학과명(독어)	학과명(한글)	커트라인(독일식)
Altertumswissenschaften	고대학	인원제한 없음
Betriebswirtschaftslehre	경영학	3.6
Bildungs- und Erziehungswissenschaft	교육학	-
Biochemie	생화학	3.3
Bioinformatik	생명컴퓨터공학	3.5
Biologie	생물학	3.4
Chemie	화학	전원 입학
Chinastudien/Ostasienwissenschaft	중국학	인원제한 없음
Frankreichstudien	프랑스학	인원제한 없음
Geographische Wissenschaften	지리학	전원 입학

Geologische Wissenschaften	지질학	인원제한 없음
Informatik	컴퓨터공학	1.5
Italienstudien	이탈리아학	인원제한 없음
Japanstudien/Ostasienwissenschaft	일본학	전원 입학
Koreastudien/Ostasienwissenschaft	한국학	전원 입학
Mathematik	수학	인원제한 없음
Medieninformatik	미디어컴퓨터공학	1.4
Meteorologie	기상학	인원제한 없음
Nordamerikastudien	북아메리카학	1.9
Pferdewissenschaft	말과학	3.5
Physik	물리학	인원제한 없음
Politikwissenschaft	정치학	3.6
Psychologie	심리학	1.5
Volkswirtschaftslehre	국민경제학	3.7
Pharmazie	약학	1.2
Rechtswissenschaft	법학	3.4
Veterinärmedizin	수의학	전원 입학

의학(Medizin) 및 치의학(Zahnmedizin)은 베를린 샤리테 대학 소속입니다. 2022/23년 겨울학기 기준 외국인 커트라인은 의학 1.0, 치의학 1.1입니다.

참고로 2022/23년 겨울학기 치의학, 2022 여름학기 의학, 2020년과 2021년 여름학기 치의학 등을 제외하면 2017년부터 최근까지 의학, 치의학 모두 외국인 커트라인은 1.0이었습니다.

2022/24년 겨울학기 기준, 외국인 지원자 수는 의학 251명, 치의학 54명이었으며, 정원은 의학 16명, 치의학 2명으로 경쟁률은 각각 15:1, 27:1 수준이었습니다.

자유대(FU) 석사 독일인 커트라인 및 경쟁률

외국인은 공개하지 않습니다.

학과명(독어)	학과명(한글)	커트라인 (독일인 note)[29]	경쟁률
Allgemeine und vergleichende Literaturwissenschaft	일반/비교문학	전원 입학	1.2
Angewandte Landschafts- und Felarchäologie	응용조경고고학 및 현장고고학	전원 입학	2.7
Angewandte Literaturwissenschaft-Gegenwartsliteratur	응용언어학-현대문학	74.0	2.2
Bildungswissenschaft	교육학	전원 입학	1.7
Biochemie	생화학	전원 입학	1.9
Biodiverstiät, Evolution und Ökologie	생물다양성, 진화 및 생태학	전원 입학	3.5
Bioinformatik	바이오 컴퓨터공학	전원 입학	1.2
Biologie	생물학	전원 입학	2.0
Chemie	화학	인원제한 없음	-
Chinastudien	중국학	인원제한 없음	-
Cognitive Neuroscience	인지신경과학	76.0	14.5
Computational Sciences	전산학	43.0	8.9
Data Science	데이터사이언스	78.0	16.7
Deutsch als Fremdsprache	외국인을 위한 독일어	전원 입학	1.0
Economics	경제학	전원 입학	4.4
English Studies	영어학	1.9	3.5
Filmwissenschaft	영화학	전원 입학	1.1
Finance, Accounting and Taxation	재정, 회계 및 세무	전원 입학	2.4
Gender, Intersektionalität und Politik	젠더, 상호교차성 및 정치학	50.0	4.8

29) 2022/23년 겨울학기부터 1.0~4.0점 식의 독일식 평점(note)이 아니라 학과별 자체 전형에 따라 총점 체계로 표기하는 경우가 많아졌습니다. 학사 졸업 평점 외에 특정 과목 이수 여부와 이에 대한 가중치 부여, 지원동기서나 직업, 실습경력 등에 대한 학과별 고유점수로 50점~80점 만점으로 계산됩니다.

Geographische Entwicklungsforschung	지리적 개발연구	전원 입학	2.3
Geographische Umweltforschung	지리적 환경연구	전원 입학	1.5
Geologische Wissenschaften	지질학	인원제한 없음	-
Geschichtswissenschaft	역사학	전원 입학	0.7
Global History	글로벌역사	1.8	3.1
Informatik	컴퓨터공학	전원 입학	1.1
Interdisciplinary Studies of the Middle East	중동통합연구	인원제한 없음	-
Iranian Studies	이란학	인원제한 없음	-
Islamwissenchaft	이슬람학	인원제한 없음	-
Japanologie/Integrierte Janastudien	일본학	인원제한 없음	-
Judaistik	유대학	인원제한 없음	-
Klassische Archäologie	고전고고학	인원제한 없음	-
Klassische Philologie	고전철학	인원제한 없음	-
Koreastudien	한국학	인원제한 없음	-
Kunstgeschichte: Ostasien	문화사: 동아시아	인원제한 없음	-
Kunstgeschichte: Europa und Amerika	문화사: 유럽 및 아메리카	전원 입학	0.9
Kunstgeschichte: Afrika	문화사: 아프리카	인원제한 없음	-
Management und Marketing	경영 및 마케팅	전원 입학	2.7
Mathematik	수학	인원제한 없음	-
Medien und Politische Kommunikation	미디어 및 정치커뮤니케이션	전원 입학	3.6
Medieninformatik	미디어 정보학	인원제한 없음	-
Meteorologie	기상학	인원제한 없음	-
Neogräzistik	현대그리스어	인원제한 없음	-
Niederlandistik im internationalen Kontext	국제적 맥락에서의 네덜란드학	인원제한 없음	-
Nordamerkastudien	북아메리카학	인원제한 없음	-
Osteuropastudien	동유럽학	인원제한 없음	-
Pharmazeutische Forschung	제약연구	1.6	2.5
Philosophie	철학	전원 입학	1.6
Physics/Physik	물리학	인원제한 없음	-
Politikwissenschaft	정치학	1.5	4.8
Prähisstorische Archäologie	선사고고학	인원제한 없음	-

Psychologie mit Schwerpunkt: Arbeits-, Organisations- und Gesundheitspsychologie	심리학: 노동, 조직, 건강심리학	62.0	3.5
Psychologie mit Schwerpunkt: Klinische Psychologie und Psychotherapie	심리학: 인상심리학과 심리치료	78.0	-
Public Economics	공공경제학	전원 입학	4.3
Public History	공공역사학	전원 입학	1.7
Publizistik- und Kommunikationswissenschaft	출판 및 커뮤니케이션학	1.5	3.9
Religionswissenschaft	종교학	인원제한 없음	-
Romanische Literaturwissenschaft	로마언어권 문학연구	인원제한 없음	-
Semitistik	셈어학	인원제한 없음	-
Sozial- und Kulturanthropologie	사회 및 문화인류학	전원 입학	1.0
Soziolgie - Europäische Gesellschaften	사회학-유럽사회	2.1	2.5
Sprachwissenschaft	언어학	전원 입학	1.0
Tanzwissenschaft	무용학	전원 입학	0.7
Theartwissenschaft	연극학	인원제한 없음	-
Turkologie	터키학	인원제한 없음	-
Wirtschaftsinformatik	경영정보학	1.6	3.8

외국인 커트라인

- 마인츠 종합대

마인츠 종합대 학사 외국인 커트라인

1.0점 만점 기준. 점수가 낮을수록 좋은 점수입니다.

학과명(독어)	학과명(한글)	2021/22년 겨울학기	2022/23년 겨울학기
Audiovisuelles Publizieren	시청각출판	2.0	전원 입학
Biologie	생물학	전원 입학	2.6
Biologie, molekulare	분자생물학	1.6	전원 입학
Biotechnologie, molekulare	분자생명공학	1.8	전원 입학
Chemie, Biomedizinische	생의학적 화학	전원 입학	2.1
Erziehungswissenschaft	교육학	전원 입학	전원 입학
Filmwissenschaft	영화학	전원 입학	전원 입학
Geographie	지리학	전원 입학	-
Medizin	의학	0.6(전부는 아님)[30]	0.6(전부는 아님)
Öffentliches Recht	공법	전원 입학	-
Pharmazie	약학	전원 입학	1.3
Politikwissenschaft	정치학	전원 입학	전원 입학
Psychologie &Psychotherapie	심리학& 심리치료	1.3	전원 입학
Publizistik	출판학	전원 입학	전원 입학
Recht, Deutsches und Französisches	독일법 및 프랑스법	-	-
Rechtwissenschaft	법학	전원 입학	전원 입학
Soziologie	사회학	전원 입학	전원 입학
WirtschaftspÄdagogik	경제교육학	전원 입학	전원 입학

[30] 의학 및 약학과 커트라인에는 Test As 점수가 반영되었습니다.

Wirtschaftswissenschaften	경제학	전원 입학	전원 입학
Zahnmedizin	치의학	0.6(전부는 아님)	0.8
Zivilrecht	민법	-	전원 입학

마인츠 종합대 석사 독일인 커트라인 및 경쟁률

외국인은 공개하지 않습니다.

1.0점 만점 기준. 점수가 낮을수록 좋은 점수입니다.

(2020/21년 겨울학기 기준)

학과명(독어)	학과명(한글)	2021/22년 겨울학기	2022/23년 겨울학기
Accounting and Finance	회계 및 재정	2.6	전원입학
Biologie	생물학	전원입학	전원입학
Biomedizin	생의학	전원입학	1.8
Deutsch als Fremdsprache	외국인을 위한 독일어교육	전원입학	-
Digitale Methodik in den Geistes- und Kulturwissenschaften	인문학 및 문화학에서의 디지털방법론	전원입학	전원입학
Empirische Demokratieforschung	민주주의에 대한 실증연구	전원입학	전원입학
Epidemiologie	전염병학	전원입학	전원입학
Erziehungswissenschaft	교육학	전원입학	전원입학
European Studies	유럽학	전원입학	전원입학
Filmwissenschaft	영화학	전원입학	전원입학
Human Geography	인문지리학	전원입학	-
International Economics and Public Policy	국제경제학 및 공공정책	2.0	1.8
Klima- und Umweltwandel	기후 및 환경변화	전원입학	-
Kommunikations- und Medienforschung	커뮤니케이션 및 미디어연구	전원입학	전원입학
Kulturantrhropologie	문화고고학	전원입학	-

Management	경영학	2.4	전원입학
Mediendramatrugie	미디어극작연구	전원입학	전원입학
Medienkulturwissenschaft	미디어문화학	전원입학	전원입학
Medienmanagement	미디어경영	전원입학	전원입학
Molekulare Biotechnologie	분자생명공학	전원입학	전원입학
Neuroscience	신경과학	-	전원입학
Politische Ökonomie und internationale Beziehungen	정치경제 및 국제관계	전원입학	전원입학
Psychologie-Arbeits- und Oranisationspsychologie	심리학(노동 및 조직심리학)	1.2	1.7
Psychologie- Human Factors (여름학기)	심리학(인사관리)	전원입학	2.17
Psychologie-Kindheit und Jugend (여름학기)	심리학 (아동 및 청소년)	2.56	1.7
Psychologie-Klinische Psycholgie	임상심리학	1.1	1.2
Psychologie-Rechtspsychologie	법심리학	1.2	1.4
Soziologie	사회학	전원입학	전원입학
Sportwissenschaft, Schwerpunkt Gesundheitsförderung und Therapie (여름학기)	체육학(건강증진 및 치료)	전원입학	전원입학
Sportwissenschaft, Schwerpunkt Internationales Sportmanagement (여름학기)	체육학 (국제스포츠경영)	전원입학	전원입학
Sportwissenschaft, Schwerpunkt Movement and Wellbeing (여름학기)	체육학(운동과 웰빙)	전원입학	전원입학
Unternehmenskommunikation	기업커뮤니케이션	전원입학	전원입학

외국인 커트라인
- 함부르크종합대

함부르크 종합대 학사 외국인 커트라인

함부르크 종합대학교는 가산점 제도가 있는 학교 중 하나입니다. 가산점을 포함한 총점은 최대 59점이며, 이 중 성적은 최대 30점입니다.

가산점은 어학최대 15점, 슈투디엔콜렉, 프로페도이티쿰 등에서 최대 12점, 테스트아스 최대 6점, 장학금 최대 1점, 사회취약계층 최대 1점 등입니다.

성적은 소수점 한자리(ex. 2.2) 단위로 최저 3.9점부터 최대 1.0점까지 각 1점씩 가산됩니다. 즉, 3.9점은 1점, 2.2점은 18점, 1.0점은 30점 식입니다.

• 사례 1

독일식 점수로 환산해서 2.3점일 경우 함부르크 종합대 기준으로 17점 취득 +슈투디엔콜렉 졸업(독일어졸업시험 sehr gut) 및 테스트아스 시험(kerntest 115점, fachspezifisches modul 111점) 응시해서 가산점 20점 취득=총 37점

• 사례 2

독일식 점수로 환산해서 1.5점일 경우 함부르크우니 기준으로 25점 취득+테스트다프 18점 취득해서 가산점 15점 취득=총 40점

학과명(독어)	학과명(한글)	2020/21 커트라인	2021/22 커트라인	2022/23 커트라인
Gemeinsamer Studiengang Rechtswissenschaft	법학 통합과정 (함부르크-이스탄불)	35	24	24
Politikwissenschaft	정치학	24	-	-
SozialÖkonomie	사회경제학	-	-	-
Volkswirtschaftslehre	국민경제학	19	-	-
Humanmedizin	의학	51	49	50
Zahnmedizin	치의학	52	48	47
Allgemeine Sprachwissenschaft	일반언어학	-	25	-
Deutsche Sprache und Literatur	독어독문학	-	-	-
Gebärdensprachdolmetschen	수화통역학	-	-	-
Medien- und Kommunikationswissenschaft	미디어 및 커뮤니케이션학	42	39	36
Kunstgeschichte	미술사	-	27	20
Ostasien / Schwerpunkt: Koreanistik	한국학	-	-	-
Biologie	생물학	26	-	9
Chemie	화학	27	-	12
Computing in Science (SP Biochemie)	생화학 컴퓨팅	16	-	인원제한 없음
Computing in Science (SP Physik)	물리학 컴퓨팅	-	-	인원제한 없음
Informatik	컴퓨터공학	28	-	29
Lebensmittelchemie	식품화학	23	-	21
Mensch-Computer-Interaktion	인간-컴퓨터-상호작용	24	-	15
Molecular Life Sciences	분자생명과학	42	44	43
Nanowissenschaften	나노학	16	-	-
Pharmazie	약학	49	46	45
Software-System-Entwicklung	소프트웨어 시스템개발	21	-	23
Wirtschaftsinformatik	경영정보학	35	-	37
Wirtschaftsmathematik	경제수학	-	15	-
Psychologie	심리학	35	-	26
Betriebswirtschaftslehre	경영학	31	-	16
Wirtschaftsingenieurwesen	산업공학	23	-	19

독일에서 성적 올리는 방법

독일 유학, 특히 학사 유학은 가장 기본적인 지원 자격을 충족하면 대체로 입학은 쉽고 졸업이 어려운 편입니다. 대학들이 평준화되어 있고, 학교별 전형도 크게 다르지 않아 대부분 지원자격에 따른 성적만으로 평가되며, 인원 제한을 하지 않는 학과 비율이 60% 수준이기 때문입니다. 특히 2022년 3월 15일부터는 수능성적만으로 독일 유학이 가능해져 유학이 더욱 쉬워졌습니다. 만일 인원 제한 학과로 지원할 예정이고, 자신의 성적을 더 올려야 한다면 수능을 다시 보는 것이 최선입니다.

하지만 수능을 다시 보기 힘든 경우, 예를 들어 이미 독일에 있는 경우라면 아래와 같은 방법으로 성적을 올리는 것이 가능합니다. 아래에서 언급되는 대학별 사례는 2021년 기준이며, 매 학기 입시요강은 바뀔 수 있으니 주의해야 합니다.

테스트아스 (Test As)

테스트아스는 간단한 언어테스트(괄호 넣기)와 전공별 계산 및 연상테스트(IQ테스트와 유사), 전공테스트(인문사회과학, 자연과학 및 컴퓨터공학, 경제학, 공학부문으로 각각 나뉘어 전공공부를 위해 필수적인 기초지식 테스트) 등으로 구성되며, 지원 시 필수서류로 요구하거나 지원 시 가산점을 주는 학교가 간혹 있습니다.

영어 혹은 독어로 제출되며 연간 3~4회 정도 시험이 있습니다. 프랑크푸르트, 하이델베르크, 쾰른, 두이스부르크-에센(이상 종합대), 아헨공대 등은 학사 지원 시 필수서류[31]이며, 함부르크, 마인츠, 보훔, 프라이부르크(이상 종합대), 드레스덴 공대 등은 제출할 경우 가산점을 부여합니다.

프로페도이티쿰(Propädeutikum)

프로페도이티쿰은 대학 신입생의 기초수학능력을 고취하려는 준비과정이며, 학교마다 용어와 기간이 다릅니다. 일부 학교에서는 한 학기 동안 의무적으로 학, 석사 신입생 모두를 대상으로 진행하기도 하고, 일부 학교에서는 몇 일에서 몇 주까지 단기로 참여를 권장하는 수준에 그치기도 합니다.

간혹 이 프로페도이티쿰을 마친 학생들에게 가산점을 부여하는 학교가 있습니다. 예를 들어 함부르크, 하이델베르크, 프라이부르크 종합대 등은 가산점을 주고, 쾰른 종합대의학 지원자들은 대학의 자체 프로그램을 이수할 의무가 있습니다. 베를린공대는 가산점은 없지만 B2 수준의 독일어합격증을 낼 경우 의무적으로 이수해야 합니다.

슈투디엔콜렉(Studienkolleg)

슈투디엔콜렉은 대학예비자과정이며, 한국 유학생들의 경우 2022년 3월 15일 개정된 아나빈 규정에 따라 아래 2가지 경우에만 지원 자격이 부여됩니다.

1. 검정고시 혹은 직업고등학교 졸업 및 수능 응시 후 H+ 대학에서 1년간 35학점 이상을 이수할 경우

---

31) 학과별, 성적별, 어학 수준별 예외가 있으니 주의하세요.

2. 일반고 졸업 후 수능을 봤지만 조건을 충족하지 못하고 H+/- 등급의 사이버대학이나 학점은행제에서 1년간 35학점 이상을 이수할 경우

슈투디엔콜렉을 마칠 경우 상기한 프로페도이티쿰과 마찬가지로 학사 지원 시 가산점을 부여하는 소수의 학교가 있습니다.

그 외

상기한 과정 외에 간혹 독일에서 공부한 경력이 있거나 독일어 시험을 최고등급으로 합격할 경우 가산점을 주는 경우도 있습니다. 예를 들어 가산점 항목이 가장 많고 풍부한 함부르크 종합대의 경우 독일어, 테스트아스, 콜렉이나 프로페도이티쿰 이수 후 지원할 경우와 그렇지 않은 경우와의 점수 차이가 최대 27점까지도 벌어집니다.

상대적으로 훨씬 더 많은 대학들이 이미 보유한 학교 성적만으로 입학을 결정짓지만, 간혹 이렇게 가산점 제도를 운영하는 경우도 있기 때문에 의치약학처럼 높은 성적을 요구하는 전공 지원자들은 좀 더 꼼꼼히 요강을 살필 필요가 있습니다.

어떤 경우에는 독일어 최고점수나 테스트아스 시험, 프로페도이티쿰 과정 이수 등이 필수조건인 경우도 있으니 주의가 필요합니다. 의학과 지원 시 성적이 상대적으로 좋지 않다면 프랑크푸르트, 함부르크, 프라이부르크, 마인츠, 드레스덴, 하이델베르크, 보훔 등 성적 외 전형이 발달한 학교를 노려볼 만합니다.

05 예술전공 지원자격

음악대학 지원자격

상기한 일반적인 학석사 지원 자격은 독일음대 지원자들에게는 대체로 아무런 영향을 미치지 않습니다. 음대 지원 자격은 만 16세 이상 그리고 의무 교육 기간을 마쳐야 한다는 것입니다. 독일에서 의무 교육 기간은 주별로 조금씩 다르지만 대체로 9학년 혹은 10학년이며, 한국 학제로 치면 고등학교 1학년을 마친 경우 의무 교육 기간을 마친 것으로 평가됩니다. 타 전공과 달리 학력이나 성적보다는 학교 자체 실기시험의 결과가 심사기준에서 차지하는 비중이 압도적으로 높아서 이러한 지원 자격 역시 약간의 융통성이 있는 편입니다. 학사의 경우 전공실기시험, 부전공 실기시험(피아노, 청음, 이론) 그리고 독일어 실력에 따라 평가되며, 이 중에서 전공실기시험 결과가 입학을 결정짓는 가장 중요한 요소입니다.

미술대학 지원자격

순수미술 학과들은 상기한 일반대학 지원 자격과 무관하게 전공 실기 능력으로 입학이 가능한 편입니다. 단, 만 18세 미만의 미성년자들이 입학하는 사례는 매우 드물고, 대부분 만 18세 이상, 고등학교 졸업을 요구합니다. 이와 달리 디자인 계열 학과들은 뛰어난 실기 능력이 있다면 예외가 있긴 하지만, 일반 비실기 전형의 일반학과와 비슷한 수준의 학력을 요구하는 경우도 꽤 많은 편입니다. 많은 학교, 학과들이 마페와 실기시험성적이 높다면 디자인 계열 학생들도 일반적인 학사 지원자격이 없더라도 입학을 시키고 있습니다. 하지만 간혹 실기시험 합격증을 받고 나서 입학을 위해 등록할 때 이 학력을 요구하는 경우도 있어서 자칫 어렵게 합격한 실기시험 결과를 무위로 돌리기도 하므로 주의해야 합니다.

06 제출서류

독일대학으로 지원하기 위해서는 학교에서 요구하는 서류를 준비하셔야 합니다. 서류가 부족하거나 학교에서 명시한 형태의 서류가 아닌 경우에는 서류 전형에서 바로 탈락될 수 있습니다.

많은 학교에서 기본적으로 요구하는 서류는 아래와 같으며, 각 학교별/전공별로 추가될 수 있습니다.

- 학교 지원신청서
- 지원 시점까지 연도별로 작성한 이력서
- 여권 사본
- 고등학교 졸업 및 성적 증명서
- 수능 성적 증명서
- 있을 경우 대학 졸업 및 성적 증명서
- 어학 합격증

각 학교, 학과에 따라 사진, 지원동기서나 실습 및 경력 증명서, 제2~3의 어학증명서, GRE/GMAT, 추천서, 커리큘럼 상세설명서, 논문 등을 요구할 수도 있습니다. 반드시 지원하기 전에 희망하는 학교의 홈페이지에서 제출해야 하는 서류의 목록을 직접 확인 후 준비해야 합니다.

음대의 경우 기본학력, 어학 서류 외에 레퍼토리를 기본적으로 내는 편이고, 미대의 경우 마페(포트폴리오)를 준비해야 합니다.

07 공증

대학 지원을 위한 모든 서류는 기본적으로 영문 공증 사본으로 준비해야 합니다. 하지만 최근 들어 온라인 지원 후 서류를 우송할 필요가 없는 학교들이 늘어났는데 이런 학교들은 공증 사본[32]이 아니더라도 영문서류를 온라인으로 스캔하여 업로드하면 됩니다.

간혹 영문 뿐 아니라 원어(국내 일반고등학교라면 한글)로 된 서류도 함께 제출해야 할 수도 있고, 드물게 영문이 아닌 독문 번역서류를 요구할 수도 있으니 주의해야 합니다. 만일 공증 사본으로 우편 접수를 하는 학교라면 공증은 아래와 같은 방법으로 가능합니다.

서류 공증, 어디서 해야 할까?

대사관 공증

현재 한국에 있다면 서울에 있는 독일 대사관에서, 독일에 있다면 베를린에 있는 한국 대사관과 프랑크푸르트, 본, 함부르크에 있는 영사관에서 서류 공증을 받을 수 있습니다.

독일에서의 공증 신청은 반드시 거주 중인 지역 관할 대사관/영사관을 직접 방문해서 해야 하며, 대리인이 신청 및 수령 할 수도 있습니다. 또한 2022년부터 국공립 학교 및 수능시험성적표는 주독 한국대사관 및 영사관에서 사본공증이 불가능해졌으니 주의해야 합니다.

---

[32] 원본 서류를 번역하지 않고 단순 복사하여 공증을 받는 것을 뜻합니다. 외국어로 번역하여 공증하는 번역 공증 사본과 구별됩니다.

대 사관 주소

주독 한국대사관(베를린)

Stülerstr. 10 10787 Berlin

(관할지역: Berlin, Brandenburg, Sachsen-Anhalt, Sachsen, Thueringen,Mecklenburg-Vorpommern)

주독 한국영사관(프랑크푸르트)

Lyoner Str. 34, 60528 Frankfurt

(관할지역: Hessen, Baden-Wuerttemberg, Bayern)

주독 한국영사관(본)

Godesberger Allee 142-148, 53175 Bonn

(관할지역: Nordrhein-Westfalen, Rheinland-Pfalz, Saarland)

주독 한국영사관(함부르크)

Kaiser-Wilhelm-Str. 9 (3. OG), 20355 Hamburg

(관할지역 : Hambrurg, Bremen, Niedersachsen, Schleswig-Holstein)

주한 독일대사관(서울)

서울특별시 중구 한강대로 416, 서울스퀘어 8층

(우편번호 04637)

사설 번역공증사무소(Notar)

대사관 사본 공증이 불가능할 경우 사설 공증사무소에서 번역공증을 받아도 됩니다. 한국에 있는 공증사무소에서는 사본 공증을 할 수 없어서 번역한 서류를 공증하는 번역공증을 진행해야 합니다.

한국의 고등학교와 대학교 성적 및 졸업증명서 그리고 수능성적증명서 등은 대부분 영문으로 각 기관에서 직접 번역하여 발행합니다. 즉, 독일대학이 대부분 영문공증사본을 원하기 때문에 각 기관에서 발행한 영문원본서류를 대사관에서 사본 공증을 받아서 제출하면 됩니다.

하지만 주한 독일 대사관 예약이 힘들거나 가격이 너무 비싸다면 사설 번역공증사무소를 이용해야 하고, 이 때 사설 번역공증사무소는 사본 공증은 할 수 없으므로 한글로 된 학교서류를 영어로 번역한 다음 공증을 해야 합니다. 즉, 사설 번역공증사무소에는 영문서류들이 아니라 한글서류들을 제출하고 사본 공증이 아니라 번역공증을 의뢰해야 합니다.

만일 영문서류를 제출하고 사본 공증을 받고자 한다면 사설 공증사무소에서는 불가능하고, 반드시 대사관을 이용해야 합니다.

독일 시청

독일 각 도시의 시청(Bürgeramt)에서도 대부분 영문서류의 사본 공증이 가능하고 가격도 비교적 저렴한 편입니다. 다만, 한글서류를 함께 공증해야 한다면 일반 시청에서는 불가능하므로 반드시 주독 한국 대사관 및 영사관을 이용해야 합니다.

국공립 학교 및 수능성적증명서는 주독 한국 대사관 및 영사관에서 사본공증이 불가능하므로 주의해야 합니다.

독일 출국 전에 서류를 공증해야 할까?

독일 출국 전 서류를 공증하기 위해 어렵게 주한독일대사관 예약을 하는 경우들이 종종 있습니다. 만일 출국 전에 한국에서 미리 대학교에 원서접수를 하기 위해 꼭 필요한 경우가 아니라면, 대부분 한국에서 미리 사본 공증을 할 필요가 없습니다. 이유는 한국보다 독일에서 좀 더 쉽고 저렴하게 사본 공증이 가능하고, 대학 지원 시 독일어 증명서를 제출해야 하는데, 독일에서 어학연수를 하면서 새롭게 취득하는 증명서를 어차피 또 공증해야 하기 때문입니다. 따라서 독일에서 어학연수를 해야 하는 유학생들은 한국에서가 아니라, 독일에서 서류를 공증하게 됩니다.

정리하면, 한국에서 서류를 공증하는 경우는 아래 세 가지 경우로 제한되는 편입니다. 다만 이에 해당하지 않는 경우가 더 많아서 대부분 한국에서 공증을 하지 않는다는 점을 참고하세요.

① 한국에서 대학으로 원서접수를 해야 하며 대학에서 공증사본을 원할 경우

② 우니어시스트 학력평가(vpd) 신청 시 대학에서 공증사본을 원할 경우 (예외: 온라인 지원일 경우 공증이 필요 없음.)

③ 한글서류도 공증해야 하는데, 주독 한국 대사관 혹은 영사관이 출국할 도시에 없을 경우

④ 국공립학교 서류 및 수능성적표를 공증해야 할 경우

위 내용 중 셋째 항목에 대한 추가설명을 드리자면 아래와 같습니다.

보통 대학에서 요구하는 공증사본은 영문 공증사본 뿐입니다. 하지만 간혹 드물게 한글 공증이나 독문 공증 사본을 요구하기도 합니다. 독일에서 사본 공증은 주독 한국 대사관과 영사관뿐 아니라, 각 도시의 일반 시청에서도 가능합니다. 다만, 독일 시청에서는 영문이나 독문 서류만 공증할 수 있고, 한글 서류는 공증할 수 없습니다. 따라서 대부분 독일 시청에서도 공증이 되지만, 한글 공증을 함께 요구하는 학교로 지원할 때는 어쩔 수 없이 주독 한국 대사관이나 영사관을 찾아야 합니다. 우편 신청 및 수령이 안 되기 때문에 베를린, 본, 함부르크, 프랑크푸르트에서 먼 지역으로 출국할 경우 한글 서류를 독일에서 공증하기란 매우 힘든 편입니다. 따라서 이런 경우에는 미리 국내에서 공증을 하는 것이 안전합니다.

※ 사본 공증 수수료(2022년 기준)

1. 한국에서
   - 기관: 주한 독일 대사관 및 명예 영사관
   - 일반 번역공증사무소에서는 사본 공증이 불가능함.
   - 수수료: 묶음 공증 불가. 1장당 27.16유로. 복사본 제작 포함 비용임. 신청 시 원화(현금)로 지불하거나 신용카드(비자, 마스터ㆍ신용카드 결제 시 유로화로 결제됨.)로 가능.
   - 특이사항: 사전 예약 필수 (4주~12주까지 걸림.)

2. 독일에서
   - 기관: 주독한국 대사관과 영사관 혹은 각 도시 시청 (아래 수수료는 대사관 수수료임.)
   - 수수료: 종류별 3.36유로. (ex. 고등학교 성적증명 한 부당 3.36유로)
   - 특이사항: 사전 예약 필수. 한국 대사관 및 영사관에서는 국공립학교 및 수능성적표 등 공문서 사본공증이 불가함.

아포스티유

독일 기관들이 아포스티유(Apostille)를 요구하는 경우는 거의 없습니다. 대부분의 대학 및 기관은 공증사본을 요구할 뿐입니다. 간혹 한국에서 미리 힘들게 아포스티유까지 받는 경우가 있는데, 실제로는 거의 쓰임이 없으니 미리 받으실 필요는 없습니다.

아포스티유는 '외국 공문서에 대한 인증의 요구를 폐지하는 협약', 이른바 아포스티유 협약에 따라 자국에서 발급받은 공문서를 해외에서도 공문서로 인정받기 위한 절차입니다. 한국에서 발급받은 문서를 한국에서 아포스티유 확인을 받을 경우, 외교부 영사 민원실에 방문하여 신청할 수 있습니다.

해외에 체류 중이라면 해당 국가에 있는 한국 대사관, 영사관에 방문하여 신청할 수 있지만 아포스티유 확인 요청 후 완료증 수령까지 2주 이상 소요될 수 있습니다. 아포스티유 확인은 본인의 신분증과 아포스티유 신청서, 아포스티유 확인을 받고자 하는 문서를 가지고 국내 거주 중이면 외교부 영사 민원실, 해외 체류 중이라면 해당 국가에 있는 한국 대사관, 영사관에 방문하여 신청할 수 있습니다. 국내에서는 대리인 신청도 가능합니다. 아포스티유 신청을 위한 서류와 구체적인 절차 안내는 외교부 홈페이지를 참고하세요.

현재 혼인/가족관계 증명서와 같이 독일 관청 업무를 위해 제출하는 한국 관공서 발급 문서 번역/사본 공증, 졸업/성적 증명서와 같이 대학 지원 시 제출하는 사본 공증 등은 발급 기관과 양식이 어느 정도 정해져 있고 일반적인 서류들이기 때문에 아포스티유를 요구하는 경우는 거의 없고, 실제로 대부분 아포스티유를 미리 하지 않습니다. 하지만 독일에서 결혼을 하거나 각 기관에서 상황에 따라 특이하게 요구할 수도 있으니 만일 그런 요구를 받는다면 그 때 하면 되겠습니다.

05

독일 체류를 위한 비자

01 비자의 이해와 종류

비자란?

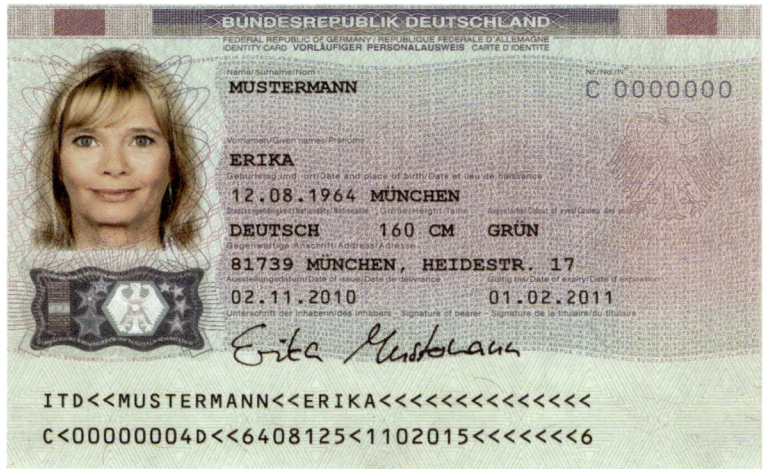

- 독일 비자 견본 -

　독일어로는 보통 비줌(Visum)이라고 하며, 실생활에서 보통 체류 허가증(Aufenthaltserlaubnis)과 입국허가증(Einreisevisum) 둘 모두를 뜻하는 광범위한 단어로 사용됩니다. 모국이 아닌 외국에서 체류하기 위해서 반드시 신청하여 발급받아야 합니다.

　독일의 경우 2005년부터 개정된 한-독 외교협정에 따라 한국의 유학생들은 별다른 결격 사유[33]가 없다면, 무비자로 입국하여 최대 90일까지 체류할 수 있으며, 독일 현지에서 해당 목적에 관한 활동(예: 취업, 유학)을 시작할 수 있도

---
[33] 예를 들어 출국 금지된 피의자이거나 예전에 독일에 불법 체류를 한 경우가 이에 해당합니다.

록 체류 허가증을 신청, 취득할 수 있습니다.

대한민국 국민은 관광 또는 출장을 목적으로 쉥겐 지역[34]에서 180일 중 최대 90일까지 무비자로 여행이 가능합니다. 즉, 쉥겐 지역에서 출국하는 날짜를 기준으로 역산하여 과거 180일 사이에서 최대 90일간의 체류가 가능합니다. 단, 비자 발급을 신청한 경우 청구권은 주어지지 않으며, 어떤 경우에는 비자를 거절할 수도 있다는 점을 항상 염두에 두어야 합니다.

비자 종류

비자 취득 기간은 신청하는 도시의 비자청 사정이나 규정에 따라 조금씩 다를 수도 있으니 참고하시기 바랍니다.

워킹홀리데이, 교환학생 비자, 연구원 비자 등 1년 미만의 몇몇 단기 비자를 제외한 나머지 비자는 보통 독일 현지에서만 발급받을 수 있습니다.

어학 비자 (Besuch eines Sprachkurses)

어학만이 목적일 때 신청 가능. 최대 1년까지 취득 가능.

유학준비 비자 (Studienvorbereitung)

대학 입학을 목표로 하는 비자. 최대 2년까지 취득 가능.

학생 혹은 교환학생 비자 (Studium)

대학 입학 허가서가 있으면 신청 가능.

---

[34] 쉥겐 협약국은 오스트리아, 벨기에, 체코, 덴마크, 에스코니아, 핀란드, 프랑스, 독일, 그리스, 헝가리, 아이슬란드, 이탈리아, 리트비아, 리투아니아, 리히텐슈타인, 룩셈부르크, 몰타, 네덜란드, 노르웨이, 폴란드, 포르투갈, 슬로바키아, 슬로베니아, 스페인, 스웨덴, 스위스 등입니다.

취업준비 비자 (Arbeitsplatzsuche)

대학 졸업 후 신청 가능. 최대 1년 6개월까지 취득 가능.

취업 비자 (Arbeit)

상근직 고용 계약서 취득 후 신청 가능.

자영업 혹은 프리랜서 비자 (Selbstständige od. Freiberufliche Tätigkeit)

자영업자 혹은 프리랜서로서 독일 거주에 충분한 수익이 보장될 때 신청 가능. 취득 기간은 매번 조금씩 다름.

연구원 비자 (Gastwissenschaftler)

연구원으로 독일에 가게 될 때 신청 가능. 취득 기간은 보통은 계약 기간 만큼이며, 매번 조금씩 다름.

워킹홀리데이 비자 (Working-Holiday)

만 18~30세까지 독일 체류 무경험자는 신청 가능. 일반적으로 한국에서만 신청할 수 있으며, 최대 1년까지 취득.

오페어 비자 (Au-pair)

만 18~26세 미만, 오페어를 받아줄 독일 가족이 있을 경우 신청 가능. 최대 1년 취득 가능.

동반 비자 (Familiäre Gründe)

배우자 또는 가족이 독일 비자 취득, 체류 중일 때 신청 가능. 취득 기간은 매번 조금씩 다름.

EU 블루카드 (Blaue Karte EU)

고급전문인력으로서 독일에 최소 4년 이상 혹은 정규직 고용계약서가 있을 경우 신청 가능.

인턴십 비자 (Parktikum)

인턴십 고용 계약서가 있을 때 신청 가능. 고용 기간만큼 취득 가능.

02 지역별 비자 신청방법

지역별 비자 신청방법 목차

베를린 257
프랑크푸르트 258
뒤셀도르프 259
쾰른 260
뮌헨 261
함부르크 262

    워킹홀리데이 비자, 1년 이하의 연구원 비자, 교환학생 비자 등을 제외하면 대부분의 비자는 독일 현지에서 신청합니다.

    그 이유는 주한 독일 대사관에서는 비자를 신청하더라도 보통 3개월짜리 입국비자를 받게 되는데, 한국인들은 90일 무비자 체류가 가능하므로 결국 없어도 되는 비자이기 때문입니다.

    드물게 예외가 있긴 하지만 이러한 이유로 인해 대부분 무비자로 출국하여 독일 현지에서 각 비자청[35]을 방문하여 첫 비자를 받습니다.

    각 도시 상황에 따라 구체적인 방법은 달라질 수 있으니 비자 신청 시 반드시 비자청에 개별 문의하세요.

---

35) 흔히 말하는 비자청은 외국인청이라고도 하며, 독일어로는 Ausländerbehörde 혹은 Ausländeramt라고 합니다. 지역마다 정확한 기관명은 다를 수 있습니다.

베를린 ①

1. 독일어 명칭: Landesamt für Einwanderung(LEA)
2. 주소: Keplerstraße 2, 10589 Berlin
3. 대상 비자: 유학준비, 어학, 학생, 교환학생, 연구원, 아우스빌둥, 취업, 취업준비, 인턴십 비자 및 학생비자 체류자 가족의 동반 비자, 블루카드, 임시비자
4. 전화번호: +49 (0)30 90269 4000
5. 메일주소: b1b2@lea.berlin.de
6. 신청방법: 베를린 비자청 사이트(경우에 따라 메일)에서 방문 일정을 사전 예약해야 함.
7. 방문 시간: 월~화) 07시~14시, 수) 08시~14시
   목) 09시~17시, 금) 08시~12시 (사전 예약 필수)
8. 관련 링크:

   https://www.berlin.de/einwanderung/dienstleistungen/service.873289.php/standort/327437/

베를린 ②

1. 독일어 명칭: Landesamt für Einwanderung(LEA)
2. 주소: Friedrich-Krause-Ufer 24 13353 Berlin
3. 대상 비자: 취업, 취업준비, 동반, 프리랜서 비자 및 영주권
4. 전화번호: +49 (0)30 90269 4407 및 4408
5. 메일주소: beratung@lea.berlin.de
6. 신청방법: 베를린 비자청 사이트(경우에 따라 메일)에서 방문 일정을 사전 예약해야 함.
7. 방문 시간: 월~화) 07시~14시, 수) 08시~14시
   목) 09시~17시, 금) 08시~12시 (사전 예약 필수)
8. 관련 링크: https://service.berlin.de/standort/121885/

STADT FRANKFURT AM MAIN

- 프랑크푸르트

1. 독일어 명칭: Ausländerbehörde in Ordnungsamt

2. 주소: Kleyerstraße 86, 60326 Frankfurt am Main

3. 전화번호: +49 (0)69 212 42485

4. 메일주소: abh-43.1@stadt-frankfurt.de (학생비자, 아우스빌둥비자)

5. 신청 방법: 이메일로 사전 예약 후 방문신청.

    * 신청 메일에 아래 내용을 꼭 입력하세요.
    * 비자 종류와 영문명, 국적 및 생년월일, 주소지
    * 메일 주소: 비자 종류에 따라 주소가 다름. 아래 링크에서 확인 가능.
    https://frankfurt.de/service-und-rathaus/verwaltung/aemter-und-institutionen/ordnungsamt/auslaenderbehoerde/neu-terminvereinbarungen

6. 관련 링크:

    https://frankfurt.de/service-und-rathaus/verwaltung/aemter-und-institutionen/ordnungsamt/auslaenderbehoerde

- 뒤셀도르프

1. 독일어 명칭: Landeshauptstadt Düsseldorf Kommunale Ausländerbehörde

2. 주소: Erkrather Straße 377, 40231 Düsseldorf

3. 전화번호: +49 (0)211 8921020

4. 메일주소: abh-backoffice@duesseldorf.de

5. 신청 방법: 아래 링크에서 하단의 Kontaktformular 클릭 후 신청서 작성. 추후 개별 안내에 따라 비자청 방문.

6. 관련 링크:
    https://www.duesseldorf.de/auslaenderamt/neu-in-duesseldorf.html

- 쾰른

1. 독일어 명칭 : Ausländeramt 및 Bezirksausländerämte

2. 주소 및 연락처: 쾰른 중앙비자청(Dillenburger Straße 56-66, 51105 Köln) 및 각 구청(Bezirksamt)

3. 전화번호: +49 (0)221 221 0

4. 메일주소: auslaenderamt@stadt-koeln.de

5. 신청 방법: 아래 링크에서 Antrag auf Erteilung eines Aufenthaltstitels (Erstantrag) 메뉴를 클릭하여 작성 후 전송. https://www.stadt-koeln.de/artikel/06328/index.html
   추후 개별 안내에 따라 방문.

6. 관련 링크 :
https://www.stadt-koeln.de/service/produkt/aufenthaltserlaubnis-zu-studienzwecken

Landeshauptstadt München

- 뮌헨

1. 독일어 명칭: Kreisverwaltungsreferat (KVR) Hauptabteilung II Bürgerangelegenheiten Ausländerangelegenheiten

2. 주소: Ruppertstraße 19 80337 München

3. 전화번호: +49 (0)89 233 96010

4. 팩스번호: +49 (0)89 233 45460

5. 신청 방법 : 아래 링크에서 신청 후 개별 안내에 따라 방문.

6. 관련 링크 :
학업 관련 비자
https://service.muenchen.de/intelliform/forms/01/02/02/kontaktabhaufenthaltfuerstudienzwecke/index
취업 관련 비자
https://service.muenchen.de/intelliform/forms/01/02/02/kontaktabhsonstigebeschaeftigung/index

- 함부르크

1. 독일어 명칭: Ausländerangelegenheiten in Bezirksamt

2. 주소 및 연락처 : 본인의 거주지에서 가까운 구청(Bezirksamt)으로 가면 됨. 블루카드와 그에 속한 동반 비자, 자영업 비자, 연구원 비자, 취업비자 등은 각 지역 웰컴센터(Welcome Center)에서도 가능.

3. 전화번호 및 메일주소:
각 구청 전화번호 및 메일주소는 아래 링크에서 확인가능.
https://welcome.hamburg.de/contentblob/8324692/5ab038069427d1a67aee6f183b0c3257/data/auslaenderbehoerden-in-hamburg-kontaktdaten.pdf

5. 신청방법: 각 구청 및 웰컴센터로 전화, 메일로 방문 예약 후 신청.

6. 관련 링크:
https://welcome.hamburg.de/auslaenderbehoerden-kundenzentren/8324690/auslaenderbehoerden-in-hamburg/#anker_1

03 무비자 90일

무비자 90일 목차

쎙겐조약과 양자협정 개요 264
쎙겐조약과 양자협정 Q & A 267

한국인은 독일을 비롯한 쎙겐 지역에서 90일간의 무비자 체류가 가능합니다. 이것만 보면, 너무도 쉬운 규정인데, 알고 보면 의외로 까다로운 규정이 바로 쎙겐조약과 양자협정입니다. 아래에서는 쎙겐조약과 양자협정 전체에 대한 설명을 먼저 드리겠습니다.

쉥겐조약과 양자협정 개요

쉥겐조약

쉥겐지역에 속한 여러 나라들을 출입국 심사 없이 자유롭게 이동할 수 있도록 한 조약이며, 한국인의 경우 쉥겐지역 내에서 180일 중 최대 90일간 무비자 체류가 가능합니다.

쉥겐지역

쉥겐국가는 유럽에서 영국, 터키, 러시아 등을 제외한 총 26개국이며, 그리스, 네덜란드, 노르웨이, 덴마크, 독일, 라트비아, 룩셈부르크, 리투아니아, 리히텐슈타인, 몰타, 벨기에, 스위스, 스웨덴, 스페인, 슬로바키아, 슬로베니아, 아이슬란드, 에스토니아, 오스트리아, 이탈리아, 체코, 포르투갈, 폴란드, 프랑스, 핀란드, 헝가리 등이 이에 속합니다.

양자협정

정확히는 한국-독일간 양자사증면제협정입니다. 외교부에 따르면, 쉥겐국가 중 ① 일부는 한국과의 양자협정보다 쉥겐조약을 우선하며, ② 다른 일부는 한국과의 양자협정이 쉥겐조약에 우선한다고 합니다.
　독일은 이 중 ② 번에 해당하는 양자협정 우선 국가 중 하나입니다.
　다만 쉥겐 및 독일 내 많은 출입국사무소 및 비자청 직원들이 실제로는 쉥겐조약만 알고 있는 경우도 많고, 양자협정을 알고 있더라도 개별 상황에 따라 서로 다른 판단을 할 수 있어서 다양한 문제가 발생합니다.

쉥겐조약과 양자협정의 차이

쉥겐조약은 쉥겐지역에서 출국하는 날짜로부터 역산하여 과거 180일 중 최장 90일까지만 무비자 체류가 가능합니다.

한-독 양자협정은 이 중 180일이라는 표현이 없습니다. 한국인은 독일에서 최장 90일까지 무비자 체류가 가능합니다. 가령 누군가가 1월~3월까지 89일간 쉥겐지역에서 체류하다가, 비쉥겐지역으로 출국하여 1일을 머물고 즉시 쉥겐지역으로 다시 입국하려 합니다. 쉥겐조약에 따르면 쉥겐지역 출국일을 기준으로 과거 180일간 89일을 체류했기 때문에 재입국 시 체류할 수 있는 날짜는 고작 1일에 불과합니다. 한-독 양자협정에 따르면 과거와 상관없이 쉥겐 외 국가에서 독일로 입국하는 한국인들은 언제든 무비자로 90일간 체류할 수 있으므로 재입국 시에도 90일간 무비자 체류가 가능합니다.

주의할 점은 모든 비자 문제가 그렇듯, 똑같은 조건이라도 직원이나 비자청 및 공항 분위기에 따라 결과가 달라질 수 있다는 점입니다. 일례로 누군가는 사업차 여러 번 독일을 드나들면서 매번 무비자로 체류했는데, 한독 양자협정을 알고 있는 직원을 만났음에도 불구하고, 잦은 출장 일정을 빌미로 독일 입국을 거부당한 경우도 있습니다.

거부 사유는 독일에서 실제로 장기체류를 하면서 수익활동을 하면서도 탈세를 목적으로 비자 발급 및 세금신고를 하지 않는다는 이유 때문이었습니다. 당연한 얘기지만, 비자와 관련된 일을 처리할 때는 가능한 한 모험을 하지 말고 안전한 방법을 찾는 것이 더 유리합니다. 사정이 허락한다면 쉥겐조약과 양자협정 중 더 불리한 조약, 즉 쉥겐조약을 기준으로 체류일정을 짜는 것이 도움이 될 것이며, 이렇게 하더라도 개별 상황에서 문제가 될 소지는 항상 있다는 점을 유념해야 합니다.

쉥겐조약 날짜 계산

쉥겐지역으로 처음 나갈 경우라면, 전체 쉥겐지역에서 국가 상관없이 90일간 체류가 가능하므로 날짜 계산기를 쓸 필요가 없습니다. 하지만 쉥겐지역에서 출국한 후 90일이 지나지 않은 상황에서 다시 쉥겐지역으로 재입국해야 할 경우 무비자 체류가 얼마간 가능할지는 정확한 계산이 필요합니다.

쉥겐조약과 양자협정 Q & A

출입국심사 및 비자심사는 각 나라의 고유한 주권행사업무이므로 일반적인 자격을 갖추어 심사에 임하더라도 출입국 및 비자발급이 거부될 수 있습니다. 또한 해당 지역이나 관청, 업무 담당자에 따라 출입국허가, 비자 발급과 관련한 판단 기준이 상이할 수 있다는 점을 늘 염두에 두어야 합니다.

우선 쉥겐조약은 쉥겐으로부터 출국하는 날짜를 기준으로 역산합니다. 날짜 계산기는 아래 홈페이지에서 보실 수 있습니다.

https://ec.europa.eu/home-affairs/policies/schengen-borders-and-visa/border-crossing/short-stay-visa-calculator_en

결론부터 말씀드리면, 쉥겐에서 출국한 후 90일이 지났다면, 쉥겐지역에서 재출국하는 시점을 기준으로 역산했을 때 이전에 쓴 무비자 기간의 일부(쉥겐 재입국 시 쓴 날짜만큼)가 제외됩니다. 90일이 지나지 않았다면, 쉥겐지역에서 재출국하는 시점을 기준으로 역산했을 때 이전에 쓴 무비자 기간은 일부가 아니라 전부가 과거 180일 중 90일에 속하게 됩니다.

아래에서는 다양한 쉥겐조약 관련 문답을 확인하세요.

79일 체류 후 귀국했는데 언제 다시 독일로 갈 수 있나요?

최소 90일 이상 비쉥겐 지역에 있다가 출국하는 것이 안전합니다. 90일 이전에 출국한다면 이전 무비자 기간에서 남은 날짜 만큼만 체류할 수 있습니다.

그 이유는 독일에서 두 번째로 출국하는 날 기준으로 역산하면 과거 180일에 첫 번째 독일 체류 시 썼던 90일이 모두 포함되기 때문입니다. 다만, 이 답변은 쉥겐조약에 기초한 답변이므로 양자협정이 적용된다면 달라질 수 있습니다.

비 자만료 직전에 비쉥겐에 갔다가 다시 독일로 와도 될까요?

　네. 가능합니다. 비자만료 및 거주지가 소멸한 상태로 비쉥겐지역으로 나갔기 때문에 다시 쉥겐지역으로 들어올 때는 무비자 90일이 생깁니다. 이때 비쉥겐지역에서 얼마를 머물든 그 기간은 상관이 없습니다.

　이때 비자가 만료되더라도 거주지가 자동 소멸되지는 않기 때문에 반드시 거주지도 해지신청을 해야 합니다.

비 쉥겐에서 비자만료 직전에 독일로 가도 괜찮을까요?

　비자만료일까지 남은 기간이 너무 짧다면 입국심사에서 문제가 될 소지도 있습니다. 가능하다면 비쉥겐 지역으로 출국하기 전에 비자를 연장하는 게 안전합니다.

한국에서 독일 워킹홀리데이 비자를 받고 비자 시작일 전에 프랑스를 무비자로 먼저 여행하고 독일로 갈 수 있나요?

> 독일은 양자협정 우선국가이며, 프랑스는 쉥겐조약 우선국가입니다. 두 협정 모두 관광, 여행을 목적으로 하는 자를 대상으로 하며, 비자를 받은 장기체류자에게는 해당사항이 없는 규정입니다. 언뜻 보기에 비자가 효력을 발휘하기 전, 6월 1일~16일까지는 쉥겐조약에 따라 프랑스에서 무비자 체류가 가능할 것으로 보입니다. 하지만 쉥겐조약에 따라 6월 1일 입국 시 문제가 없다고 판단하던 직원이 여권에 부착된 독일 비자를 본다면, 단순여행자가 아닌 쉥겐지역에 거주예정인 예비주민으로 판단하여 문제를 삼을 여지가 생깁니다.

독일비자 끝나고 쉥겐지역으로 무비자 여행이 가능한가요?

> 대체로 불가능합니다. 비자만료 및 거주지 소멸 후 비쉥겐으로 출국했다가 쉥겐국가로 재입국해야 무비자 기간이 다시 발생합니다. 다만, 직원에 따라 독일 비자가 만료되었고, 거주지 신고를 없앴다면, 출국하지 않았더라도 관광객 신분으로 자동 전환된다고 보고 무비자 기간을 인정해 주는 경우도 있습니다. 하지만 불법 체류로 인정될 가능성이 훨씬 더 높고 본래 무비자기간은 "입국" 시 적용되는 기준이라서 비쉥겐으로 출국 후 재입국하실 것을 추천드립니다.

04 워킹홀리데이 비자

워킹홀리데이 비자 목차

워킹홀리데비 비자 신청방법 271
독일 워킹홀리데이를 고민하고 있다면 275
워킹홀리데이, 독일에서 일자리 구하기 278
워킹홀리데이 비자의 장점과 유의사항 281
워킹홀리데이 비자 관련 자주 묻는 질문-심화문답 283

한-독간 워킹홀리데이 비자 협약은 2009년 4월 19일 자로 발효되었으며 양국의 젊은이들이 서로의 문화와 일상생활을 체험할 수 있도록 하는데 목적이 있습니다. 만 30세 이하라면 누구나 신청할 수 있고, 비자 기간은 최대 12개월입니다.

워킹홀리데이 비자 신청방법

아직 구체적인 계획은 없지만 독일을 경험하고 싶다면 워킹홀리데이 비자를 통해 독일 문화와 언어를 배우며 독일을 경험해 보세요.

신청자격

- 만 18세~30세(비자 신청 시점 기준)
- 대한민국 국적
- 자녀 동반 불가
- 신청자격이 되지 않는 배우자 동반 불가
- 양호한 건강 상태(건강검진증명서 불필요)

워킹홀리데이 비자로 배우자나 자녀를 동반할 수 없습니다. 하지만 배우자가 워킹홀리데이 비자 신청자격이 된다면 각각 비자를 신청, 발급받고 함께 출국할 수 있습니다.

신청서류

- 비자 신청서 2부. 비자 신청서는 주한독일대사관 홈페이지(https://seoul.diplo.de/kr-ko/service/-/1694216)에서 다운로드하거나 온라인으로 작성 가능.

- 여권과 여권사본(인적사항 기재된 페이지) 2부. 독일 체류 신청기간 동안 유효해야 함.

- 여권 사진 2매. 백색 배경, 3.5 x 4.5 cm, 6개월 이내 촬영.

- 2,000유로 이상이 예치된 본인 계좌 잔고 증명(영문, 1주일 이내 발급분) 원본 1부, 사본 1부.

- 보험계약서(영문) 원본 1부, 사본 1부
  - 독일에서 유효한 책임보험 (보장금액: 최소 30,000유로)
  - 독일에서 유효한 의료보험 (병원비 및 한국으로의 이송을 포함해야 한다. 보장금액: 최소 30,000유로)
  - 독일에서 사고보험 (보장금액 : 최소 30,000유로)
  - 보험은 독일 체류 기간 내내 유효해야 한다.
  - 보험사는 본인이 선택하면 된다.

- 비자 신청 수수료(75유로, 당일 환율로 환산하여 원화로만 결제 가능하며 비자발급이 거부되거나 신청 취소 시 환불 불가).

- 어떤 경우는 추가 서류를 요구할 수 있다. (ex. 신청 동기서(Motivation letter), 이력서 등 요구 가능. 취업증명서는 불필요.)

- 신청 동기서(Motivation letter) 2부. 아래 신청자에 한함.
  - 이전에 독일 체류 허가를 받은 경우(여행 목적은 제외)
  - 체류 기간이 4개월~1년 미만일 경우
  - 기혼일 경우
  - 만 18~20세 또는 28~30세 해당 신청자

주의사항

- 워킹홀리데이 비자 신청 및 발급은 현재 한국에서만 가능하며 본인이 직접 서울 소재 주한 독일 대사관을 방문하여 신청할 수 있습니다.

- 비자 신청을 위한 방문 예약은 아래 링크에서 가능합니다.
  https://seoul.diplo.de/kr-ko/service/-/1694286

- 개별문의는 대사관 홈페이지에서 가능합니다. 전화문의는 불가능합니다. 긴급한 사안일 경우 info@seoul.diplo.de로 메일문의가 가능합니다.

- 비자 신청을 위한 방문 예약은 출국일로부터 2~3개월 전에 잡으세요.

주소 및 개관시간

- 주소: 서울특별시 중구 한강대로 416 서울스퀘어 8층, 04637 독일연방공화국 대사관 ☎ 02-748-4114

- 영사과 업무시간

월, 화(오전), 목	화(오후)	수	금
09:00~12:00 (여권, 비자 수령 11:30~12:00)	13:30~16:00 (여권, 비자 등 수령 불가)	13:30~16:30 (여권, 비자 등 수령: 16:00~16:30)	08:30~12:00 (여권, 비자 등 수령: 11:30~12:00)

- 비자 신청 후 발급까지는 1~2주 정도 소요되는 편입니다. 소요시간은 대사관의 업무 진행 상황에 따라 달라질 수 있습니다.

- 구비 서류를 모두 제출하더라도 비자발급에 대한 법적 요구는 성립되지 않습니다.

- 독일에서의 워킹홀리데이 체류는 1회에 한해서만 가능합니다.

- 독일 워킹홀리데이 비자를 발급받은 자는 신규 발급을 신청할 수 없습니다.

- 교환학생, 어학연수, 유학 등의 이유로 이미 독일에 장기체류 경험이 있다면 워킹홀리데이 비자 발급이 거절될 수 있습니다.

- 워홀 비자 시작일, 보험 시작일, 출국일은 같아야 합니다. 갑작스러운 사정으로 출국이 조금 지연될 수 있지만 비자 시작일과 보험 시작일은 반드시 동일해야 합니다.

- 모든 서류는 영문(또는 독문)으로 준비해야 하며 잔고 증명의 화폐 단위는 유로(EUR/€)로 표기되어 있어야 합니다.

- 워킹홀리데이 비자는 독일 문화 체험과 여행을 목적으로 한 것이기 때문에 취업형식의 풀타임 아르바이트는 어려울 수 있습니다. 3개월 미만 인턴 형식의 단기 아르바이트나 미니잡은 비교적 자유로운 편입니다.

독일 워킹홀리데이를 고민하고 있다면

낯선 나라의 유적지와 유명한 관광지를 구경하고 작은 골목길을 구석구석 누비며 새로운 언어와 문화를 배운다는 것은 생각만으로도 가슴설레는 일입니다. 워킹홀리데이를 준비하며 때때로 걱정도 되지만 이 기대감에 용기를 얻는 것이죠. 하지만 워킹홀리데이 하나만 믿고 덜컥 독일까지 왔는데 현지에서 불필요한 마음 고생과 비용적인 손해를 감수하기도 합니다. '젊어서 고생은 사서 한다'는 말도 있듯이 이왕 할 고생이라면 시간적, 비용적으로 그만큼 의미가 있어야겠죠. 이 글은 워킹홀리데이를 통한 출국을 고민 중이거나 이미 결심한 분들을 위한 안내입니다. 워킹홀리데이를 준비하며 미처 생각하지 못했거나 간과한 부분은 없는지 본 게시글을 통해 확인해 보세요.

독일, 그 이유는?

워킹홀리데이의 처음과 끝을 관통하는 가장 중요한 질문이자 핵심입니다. 물론 지금 당장은 구체적인 대답이 어려울 수 있습니다. 하지만 이 질문은 마지막까지 놓치면 안 됩니다. 학기 중 잠시 유럽 여행도 하고 새로운 언어를 배우기 위해 독일 워홀을 결심했다면 더 이상 망설일 필요가 없습니다. 논쟁의 여지는 언제나 있지만 독일은 역사와 문화, 물가, 치안 등 상당히 안정적이고 정돈된 유럽의 분위기를 느낄 수 있는 대표적인 유럽 국가 중 하나이며, 지리적 위치 때문에 독일 체류 중에는 저렴한 교통비로 유럽 어느 도시든 수월하게 여행을 갈 수 있습니다.

하지만 독일에서 대학교 진학을 희망하거나, 아우스빌둥, 취업 등의 목적이 있다면 한 번 더 고민할 사항들이 있습니다. 예를 들어 체류 가능 기간이나, 발급받을 수 있는 비자의 종류와 같은 것들입니다. 독일에서 목표하는 것을 위해 준비하는 시간이 언어 습득이든 현지 정착이든 짧으면 6개월에서 2년까지 걸릴 수 있다는 것을 감안 한다면, 본인이 독일에서 목표하는 바를 위해 워킹홀리데이 비자 외에도 어떤 비자를 추가로 받을 수 있는지, 해당 비자와 워킹홀리데이 비자 간의 장·단점을 비교하는 과정은 워킹홀리데이를 결심하기 전 반드시 선행되어야 합니다.

아무리 강조해도 지나침 없는 독일어

대도시에서는 기본적인 의식주 해결이 영어만으로도 가능한 편입니다. 베를린과 같은 대도시는 유럽 전역에 다양한 예술가들과 관광객, 유학생들이 집중되어 있어서 유명한 관광지가 밀집된 일부 지역에 한하여 영어 사용이 가능한 편입니다. 즉, 잠깐의 여행과 문화 체험이 목적이라면 독일어가 그다지 필요하지 않을 수도 있습니다.

하지만 특정 지역에 오래 머무르며 독일에 정착하기로 결심했다면 이야기가 완전히 달라집니다. 예를 들어 동네 슈퍼마켓 직원과 오가며 마주치는 이웃들과 시청, 비자청 등 각종 관공서에서 직원들과 영어로 의사소통하는 것은 생각보다 쉽지 않습니다. 유창한 영어로 손님을 맞이하는 관광지에 있는 레스토랑과 구석진 골목 수십 년을 같은 자리에서 동네 단골을 유지하는 레스토랑은 분명히 다르지 않을 수 없습니다. 즉, 독일에 살면서 영어를 사용하는 '외국인 손님'으로만 지낼 건지 여부는 결국 본인이 결정할 사항입니다.

독일어를 배우는데 걸리는 시간도 매우 중요한 요소입니다. 재능이나 개인적인 역량에 따른 차이는 있을 수 있지만 새로운 언어를 배울 때 어느 정도의 시간과 노력이 필요한 것은 당연합니다. 만약 본인의 목표가 학업이나 아우스빌둥과 같이 뛰어난 독일어 실력이 필요한 부분이라면 현지에서 적응하겠다고 흘러보내는 한 두 달의 시간조차 아까운 낭비가 될 수 있습니다. 외국인으로서 독일에 체류할 수 있는 시간적인 제한이 있을 수밖에 없고 이 시간 안에 목표하는 바를 이루기 위해서는 처음 생각했던 것보다 훨씬 빠듯하고 강도 높게 어학에 투자해야 합니다.

아르바이트를 찾는다면

아르바이트를 통해 생활비를 충당할 수 있을 거라고 생각해서 워킹홀리데이 비자를 생각했지만, 독일어를 할 줄 모른다면 좋은 일자리를 찾는 것이 너무 어려워 정작 아까운 시간만 허비하게 되는 경우가 많습니다. 물론 독일어가 굳이 필요 없는 단순 노동을 찾아볼 수도 있지만 이런 일들은 임금이 너무 적어서 생활비 충당 어렵거나, 독일 체류를 위한 비자가 필요 없고 상대적으로 저렴한 임금의 독일 외에 다른 EU 국가 출신 사람들이 이미 고용된 경우가 많습니다.

영어를 활용한 몇몇 특정 분야의 아르바이트 역시 영어를 모국어로 완벽하게 구사하는 영·미권 유학생들이 있어서 경쟁에서 한참 뒤로 밀리기 쉽습니다. 잊지 마세요. 독일 워킹홀리데이 비자는 '돈'을 벌기 위한 것이 아니라 현지 문화와 생활을 경험하는 것을 목적으로 관광, 취업, 어학연수 등을 병행할 수 있도록 하는 비자입니다.

독일어로 원활한 또는 기본적인 의사소통이 되지 않는 상태에서 할 수 있는 일은 선택의 폭이 매우 제한적일 뿐 아니라 이렇게 버는 돈으로는 생활비 충당이 매우 어렵거나 불가능합니다.

독일어, 여행, 취업, 아르바이트, 대학 진학 중 어떤 것이 가장 중요한지 우선순위를 정하고 이것을 위해 필요하고 미리 준비할 수 있는 지원자격, 예산, 해당 업무 관련 경력 등을 준비하여 독일로 출국하는 것이 가장 좋습니다.

워킹홀리데이, 독일에서 일자리 구하기

일자리를 구한 뒤 독일로 출국할 예정이라면

국내/해외 구인·구직 사이트를 검색하다 보면 워킹홀리데이 비자 소지자를 포함한 노동 가능 비자 소지자를 찾는 경우가 종종 있습니다. 이런 일자리는 대부분 인턴 형식의 단기 아르바이트인 경우가 많지만 어떤 업체는 이후 정직원 전환을 염두에 두기도 해서 자신의 흥미 있는 분야에 적합한 자리가 있다면 도전해 볼 수 있습니다.

워킹홀리데이 비자가 독일 문화 체험과 여행을 목적으로 한다는 것을 기억한다면 취업형식의 풀타임 아르바이트는 여전히 어려울 수 있다는 것을 염두에 두어야 합니다.

3개월 미만의 단기 아르바이트나 미니잡(Minijob)은 비교적 자유로운 편입니다. 독일어를 할 수 있다면 좋겠지만 업무적으로 원활한 의사소통이 가능한 충분한 영어 실력을 요구하는 경우가 많습니다. 직종이나 분야에 따라 일정 기간 및 수준 이상의 경력을 요구하기도 하며 한국에서 출국 전 숙소를 비롯한 현지 정착지원 여부 등을 꼼꼼히 확인하는 것이 좋습니다.

우선 출국 후 독일에서 찾아볼 예정이라면

우선 독일 가서 해 보자, 라는 심정으로 독일에 입국했다면 일자리 찾기 전 숙소를 찾거나 관청업무를 처리하는 것 등의 초기정착을 위한 것들만으로도 무척 분주할 것입니다. 틈틈이 일자리를 알아보고 지원한다 하더라도 독일어로 의사소통이 되지 않는다면 선택의 폭이 매우 제한적일 것입니다. 출국 전 안정적인 숙소를 비롯한 초기정착을 충분히 고려하고 준비할 필요가 있는 것이 바로 이런 이유 때문입니다.

경력이 있고 해당 업무에 부합되는 특별한 장점이 있다면 독일어가 아닌 영어를 사용하는 직종을 찾아볼 수 있겠지만 영어를 완벽하게 구사하는 영·미권 학생이나 EU 국가 내 다른 유학생들과 비교한다면 상대적으로 불리한 위치인 것이 사실입니다. 이런 현상은 독일내 중·소도시로 갈수록 심해집니다. 물론 독일어가 필요 없는 단순 노동이나 한국 식당 등이 대안이 될 수 있습니다.

하지만 이런 직종은 비자발급이나 체류기한에 문제가 없는 상대적으로 저렴한 임금의 독일 외 다른 EU 국가 출신 노동력이 안정적으로 고용된 경우가 많으며 한국 식당도 역시 몇몇 업무를 제외하고는 독일어가 능숙한 현지 교민이나 학생들을 더 선호할 겁니다. 즉, 아르바이트를 통해 지출 비용을 줄이며 체류할 수 있다고 생각했지만 정작 독일에서 독일어를 할 줄 모르면 일자리를 찾는 게 너무 제한적이어서 뒤늦게서야 어학을 시작하는 경우가 많습니다.

참고사항

- 초기정착

    본인의 이름으로 계약한 숙소, 집주인의 임대인 확인서를 제출하고 받는 거주지 신고 확인증. 이것을 제출해야 가능한 독일은행 계좌개설, 거주지 신고 완료 후 발급받는 세금번호, 직종에 따라서는(주로 호텔이나 레스토랑, 카페 등 요식/외식업 관련 직종) 위생교육 이수 후 교육 이수 확인증(Rote Karte)을 받아야 합니다.

- 일자리 찾기

    고용노동부와 한국산업인력공단에서 주관하는 월드잡(https://www.worldjob.or.kr)과 같은 홈페이지, 각종 해외 취업 관련 사이트나 카페 등을 통해 찾아볼 수 있습니다. 최근에는 각종 커뮤니티나 SNS를 통해서도 구인·구직정보가 활발하게 교환되고 있으며 구글과 같은 사이트에 Minijob + 희망지역이름(예: Minijob in Berlin)와 같은 키워드로 현지 구인·구직 정보를 검색해 볼 수 있습니다.

- 아무리 강조해도 지나침 없는 독일어

'독일'에서 독일어를 사용하지 않고 일자리를 찾는 것은 제한사항이 상당히 많습니다. 이것은 아마도 독일에 도착과 동시에 피부로 느끼는 가장 중요한 요소일 겁니다. 단기간 여행자금을 모으고 생활비 일부를 충당하기 위함이 아니라 유학을 목표로 한 장기체류가 목적이라면 유학목적, 자신의 예산에 적합한 어학원을 통해 최대한 빠른 시일 내에 독일어를 배우시고 익숙해지기를 추천합니다.

- 여행? vs 독일유학?

단기간 여행자금을 모으고 생활비를 일부 충당하기 위해서가 아니라 독일유학을 위한 장기체류가 목적이라면 일자리를 찾기 전 우선순위를 다시 한 번 신중하게 생각해야 합니다. 독일 입국 직후 독일어 습득을 위해 어학에 집중하는 시간을 가지는 것이 빠른 독일정착 및 장기체류에 유리하기   문입니다. 이것을 위해 초기정착, 어학에 필요한 시간과 비용을 사전에 고려하여 준비하는 것이 좋습니다.

워킹홀리데이 비자의 장점과 유의사항

만 30세 이하의 대한민국 국민이라면 독일 워킹홀리데이 비자로 최대 12개월까지 독일에 체류할 수 있습니다.

비자 신청 및 발급에 큰 제약이 없고 독일 여행 중 틈틈이 일도 하면서 다양한 경험을 할 수 있다는 기대감 때문에 단순히 여행객뿐 아니라 이후 독일유학/정착을 희망하는 사람들에게도 무척 유용해 보이는 것이 사실입니다.

하지만 단순히 독일을 여행하고 다른 문화를 체험하기 위해서가 아닌 독일유학/취업이나 이민 등 장기체류가 목적이라면 워킹홀리데이 비자 신청을 한 번 더 신중하게 고민해 볼 필요가 있습니다.

워킹홀리데이 비자의 장점

- 만 30세 이하의 대한민국 사람이라면 누구든 신청가능!

- 재정보증이나 슈페어콘토 등 현지 체류를 위해 복잡한 재정증명 과정 없이 2,000유로(한화 약 260만원) 이상 예치된 잔고 증명만으로도 신청 가능!

- 신속한 비자발급: 비자 신청 후 발급까지 1~2주(소요시간은 대사관 업무 진행 상황에 따라 달라질 수 있음)

- 한국에서 비자를 발급받아서 출국하기 때문에 독일 도착 후 현지 정착을 위한 안정적인 시간 확보

워킹홀리데이, 장점도 많지만 만능키가 될 순 없습니다.

- 워킹홀리데이를 통한 독일유학 고려 시

　한국에서 비자를 발급받아 출국하기 때문에 최대 12개월까지 비자 걱정 없이 독일에 체류할 수 있습니다. 독일 입국 직후 현지에서 비자를 발급받기 위해서는 90일 이내에 자신의 이름으로 계약 가능한 숙소를 찾고, 거주지 신고, 독일은행 계좌개설 등을 신속하게 처리해야 한다는 것을 생각할 때, 상당히 안정적인 시작을 할 수 있다는 것은 분명 장점입니다.
　하지만 대학교 지원을 위한 독일어 수준을 만들고 대학교를 지원하여 합격하고 입학하는 것을 1년 안에 한다는 것은 현실적으로 쉽지 않습니다. 이 때문에 부득이 현지에서 비자를 변경/연장하는 경우가 대부분이고 워킹홀리데이 비자에서 다른 비자로 전환할 때 위험성을 충분히 염두에 두어야 합니다.

- 워킹홀리데이를 통한 취업/정착 등을 고려하고 있다면

　아르바이트를 통해 지출을 줄이고 생활비를 충당하며 독일에 체류 할 수 있을거라 생각하고 워킹홀리데이 비자를 통한 독일행을 결심하시곤 합니다. 하지만 독일 워킹홀리데이 비자가 독일 문화 체험과 여행을 목적으로 한다는 것을 기억한다면 취업형식의 정식적인 풀타임 아르바이트는 어려운 경우가 많습니다.
　3개월 미만의 단기 아르바이트나 미니잡은 비교적 자유로운 편이지만 독일어로 기본적인 의사소통이 되지 않는다면 이마저도 무척 제한적이어서 뒤늦게야 어학을 시작하는 경우가 많습니다.

워킹홀리데이 비자 관련 자주 묻는 질문
-심화 문답

곧 만 30세가 되는데, 워홀 비자 신청이 가능한가요?

> 네. 가능합니다. 비자 신청일 기준으로 만 31세 미만이라면, 체류 기간은 최대 1년까지 신청 가능합니다.

워 홀 비자 신청 시 부모님 계좌 제출이 가능한가요?

> 불가능합니다. 반드시 본인 계좌여야 합니다.

워 홀 비자 신청 및 수령을 대리인이 할 수 있나요?

> 신청은 위임장을 제출하면 가능합니다.
> 하지만 수령은 본인만 할 수 있습니다.

워킹홀리데이 비자의 노동허가 규정을 알려주세요.

워킹홀리데이 비자의 노동허가규정은 여행비를 벌어 독일 문화를 체험할 목적으로 미니잡을 할 수 있다는 것이 취지입니다. 원칙적으로 3개월 이상 일할 수 없고, 주 20시간 미만으로 일한다면 6개월까지 일할 수 있지만 월소득이 520유로(미니잡. 2022년 기준)를 초과할 수 없습니다. 워홀비자로 일을 할 경우 Ferienjob(방학때만 하는 단기아르바이트)만 가능합니다.

워홀 비자를 받고 출국일정을 미룰 수 있나요?

네. 출국은 비자 시작일로부터 90일 이내에 언제든 가능합니다.
(* 90일이 지나더라도 날짜만 손해를 볼 뿐, 비자만료 전까지는 가능하다는 대사관 답변을 받은 사례가 있긴 합니다. 만일 출국일정이 완전히 미뤄졌다면 90일 이내에 비자를 취소 신청할 것을 추천합니다.)

출국이 한참 남았는데 워홀 비자 신청이 가능한가요?

워홀 비자 시작일로부터 90일 전부터 신청 가능합니다.

워홀 비자 수령 후 은행잔고는 언제까지 유지해야 하나요?

워킹홀리데이 비자 수령 후 은행 잔고 유지에 대한 의무는 없습니다. 즉, 비자 수령 후 모든 잔고를 출금해도 괜찮습니다.

워홀 비자 신청 시 한글로 된 서류를 제출해도 되나요?

아니오. 보험증서, 은행잔고 증명서, 신청서 등 모든 제출서류는 영문 혹은 독문으로 준비하셔야 합니다.

워홀 비자로 독일 체류 시 거주지 신고는 안해도 되나요?

거주지 신고는 비자를 받거나 장기체류를 목적으로 하는 모든 이들에게 해당하며, 독일 어느 도시에 거주하든 입국 후 최대 14일 내 처리해야 하는 필수 행정업무입니다.

워홀 비자 신청 시 신청사유서를 꼭 써야 하나요?

만 18~20세, 28~30세까지는 필수서류입니다. 또한 1년 미만의 체류를 원하는 경우에도 대부분 요구합니다. 어떤 경우는 신청 사유서(Motivation Letter) 뿐 아니라 이력서도 요구하기도 하니 주의하세요.

05 유학준비 비자

유학준비 비자 목차

신청조건 287
준비서류 289
신청방법 290
노동허가 290

유학준비 비자는 독일어로 Aufenthaltserlaubnis zur Studienvorbereitung라고 하며 일반적으로 최대 2년까지 취득 가능합니다.

독일 대학교 학사 및 석사 지원을 목적으로 한 비자이기 때문에 신청 대상자가 독일 대학 지원이 가능한 일반적인 지원자격을 갖추고 있어야 하며 원칙적으로는 최대 2년의 기간 동안 어학을 마치고 학교 지원 및 입학까지 모두 마쳐야 합니다.

비자 기간은 도시, 직원 성향에 따라 짧게는 어학원 등록 기간만 주기도 합니다. 즉, 3개월짜리 어학원 등록증을 제출한다면 이를 근거로 비자도 3개월만 줄 수도 있습니다.

또한 대학 입학을 위한 어학 시간을 최대 1년으로 보고 최대 1년 반까지만 비자를 연장해 주는 경우도 많습니다.

신청조건

유학준비 비자 신청을 위한 지원자격(HZB)

독일어로 Hochschulzugangsberechtigung(HZB)라고 하며 한국어로는 '대학지원자격'이라고 직역할 수 있습니다. 독일대학 진학을 위한 일반적인 지원자격이 없다면 원칙적으로 유학준비비자 신청 및 취득은 불가능합니다. 물론 음악대학이나 미술대학처럼 실기시험이 매우 높은 비중을 차지하는 예술대학의 일부 전공은 지원자격 없이도 학교 지원·입학이 가능합니다. 하지만 비자청 담당자는 이와는 별개로 비자 신청자의 지원자격을 기준으로 유학준비비자 신청이 가능한지를 판단합니다. 즉, 본인이 예술 대학 특정 전공을 지원할 수 있다고 해도 대학지원자격(HZB)이 없다면 유학준비 비자 신청 및 취득은 어려울 수 있습니다.

독일 입국 후 최초 비자 신청 및 발급은 90일 안에

원칙적으로는 독일 입국 후 90일 이내에 비자를 신청 및 수령을 완료해야 하지만 이 기간 내에 정상적으로 비자를 신청하기만 하면 수령 시점은 늦어져도 큰 문제가 없는 편입니다. 또한 베를린을 비롯한 많은 도시들이 독일 입국 후 90일 이내에 비자청 방문 일정만 온라인으로 예약해 두면 90일 이후에 비자청을 방문하더라도 괜찮습니다. 단, 비자가 없는 상태에서 90일이 넘어서부터는 독일 외 국가는 여행할 수 없으니 주의하세요. 또한 도시나 직원에 따라 90일 이내에 잡은 비자청 방문 약속을 인정하지 않을 수 있으므로 꼭 사전에 개별문의를 하거나 비자청 홈페이지의 공식규정을 확인하세요.

워킹홀리데이 비자에서 유학준비 비자로 변경 시

독일대학 진학을 위한 일반적인 지원자격이 있는 상태에서 워킹홀리데이 비자 기간이 만료되었다면 유학준비 비자로 변경 신청을 할 수 있습니다. 지원자격을 갖추고 필요한 서류를 완벽하게 준비했다면 비자 신청 및 변경에 큰 문제가 없을 수 있지만, 비자 신청은 청구권이 주어지지 않으며 관련 규정은 예고 없이 바뀔 수 있어서 해당 지역 관청의 분위기나 담당자의 주관적인 판단에 따라 예외적인 상황이 얼마든지 생길 수 있습니다.

실제로 워킹홀리데이 비자에서 유학준비 비자로의 연장 신청이 기각되어 한국으로 귀국했다가 독일로 재출국했던 사례가 드물지 않습니다.

어학 비자에서 유학준비 비자로 변경 시

- 독일 출국 초기에는 간단하게 여행도 하며 독일어도 배우고 취직자리도 둘러볼 생각에

- 혹은 지원 자격이(HZB) 부족해서 유학준비 비자를 신청하지 못하고 어학 비자를 신청, 발급받았거나

- 또는 지원자격이 있음에도 불구하고 유학준비 비자가 아닌 어학을 먼저 해야 할 생각에 최초 비자발급 시 별다른 생각 없이 어학 비자를 발급받았지만 이후 연장 체류를 위해 유학준비 비자로 전환(연장) 신청을 고려하는 경우가 많습니다.

하지만 어학 비자를 가지고 있는 기간 동안 독일어 습득이 부진했다면 지원자의 일반적인 지원자격(HZB) 여부와는 별개로 유학준비비자 신청이 거절될 가능성이 큽니다. 모든 비자는 발급 목적에 적합한 체류 활동이 전제되어야 하기 때문입니다.

준비서류

- 여권: 여권 만료일이 예상 비자 발급기간 보다 길어야 함.

- 사진 1매: 좌우대칭. 배경은 흰색. 3.5*4.5cm 크기.

- 비자 신청서.

- 비자청 수수료(50~110유로): 전자비자 여부에 따라 상이함.

- 거주지 신고 증명서.

- 슈페어콘토[36] 확인증 또는 재정보증서: 최소 3개월 치 계좌 거래내역서 (Kontoauszug) 준비도 추천함.

- 어학원 등록증: 비자청 방문 시점 기준 최소 3개월 이상. 경우에 따라 어학원을 등록한 기간만큼 또는 남은 수업 기간의 2배 정도만 비자를 주기도 해서 남은 수업 기간이 길수록 유리함.

- 독일 의료보험 계약서.

- 대학지원자격을 증명할 수 있는 서류: 일반적으로 고등학교 성적·졸업 증명서, 수능 성적 증명서, 있을 경우 대학교 성적 및 졸업 증명서를 영문 원본으로 제출함. 경우에 따라 학력평가증명서(VPD)를 요구할 수 있음.

---

36) 독일어로 Sperrkonto. 비자청에서 요구하는 가장 일반적인 재정 증명을 위한 방법입니다. 최대 1년 치 최저생계비를 묶어두는 제도이며, 매달 제한된 금액만 본인의 독일 계좌로 자동이체됩니다.

신청방법

독일 입국 후 최초 비자 신청은 무비자 기간 90일 이내에 거주하는 도시 비자청(Ausländerbehörde)을 방문하여 할 수 있습니다. 비자 신청자가 많이 몰리는 대도시의 경우 비자청 방문 일정을 온라인으로 미리 잡아야 합니다. 예를 들어 베를린의 경우 2~3개월 전 온라인으로 약속을 잡아야 하는데 이마저도 예약 가능한 날짜가 많지 않아 수 주~수 달간 매일 온라인 예약페이지에 접속하여 일정을 확인하거나 메일로 신청하기도 합니다.

물론 비자 신청자가 많지 않은 중소도시의 경우 약속을 미리 잡지 않아도 당일 방문처리가 가능하기도 합니다.

비자는 두 가지 형태가 있습니다. 보통은 접착식 라벨 형태의 비자를 여권에 붙여주며 스티커 비자라고 부릅니다. 1년 이상의 장기비자는 보통 전자비자(eAT) 즉, 플라스틱카드 형태의 비자를 받으며 신청일로부터 약 6~8주 후에 받을 수 있습니다.

노동허가

일반적으로 유학준비 비자를 받은 첫해는 어학원 방학 기간에만 예외적으로 일을 할 수 있으며, 어학원 방학이 부활절과 크리스마스 연말 방학일 뿐 인데다 그 기간이 매우 짧아서 현실적으로는 거의 불가능합니다.

다음 해부터 풀타임으로 최대 120일, 파트타임으로 240일까지 일할 수 있습니다. 독일에서 일반적으로 풀타임은 1일 8시간, 파트타임은 4시간을 기준으로 합니다.

노동허가는 담당 직원에 따라 다르게 줄 수 있으므로 주의가 필요합니다.

06 어학 비자

어학 비자 목차

신청조건 292
준비서류 293
신청방법 294
노동허가 294

어학 비자는 독일어로 Aufenthaltserlaubnis zum Besuch eines Sprachkurses 라고 하며 어학연수를 목적으로 최대 1년까지만 취득할 수 있습니다.

독일 입국 후 최초로 비자를 신청한다면 무비자 체류가 가능한 90일 이내에 비자를 신청해야 하며 어학 비자로 체류하는 동안에는 일할 수 없습니다.

2017년 8월에 개정된 규정에 의거, 어학 비자에서 유학준비비자 등 다른 비자로 변경, 연장 신청 시 '목적 변경'에 대한 심사가 엄격하게 적용되면서 변경 및 연장 신청이 기각되는 사례들이 있었습니다.

신청조건

비자 목적

어학 비자는 유학준비 비자나 학생비자와는 다르게 비자 신청자의 자격 조건이 비교적 자유로운 편입니다. 독일 대학 진학을 목표로 하지만 지원자격(HZB)이 미달인 경우, 취직을 목표로 독일에 입국했으나 독일어를 어느 정도 배우며 일자리를 알아볼 계획인 경우, 만 30세 이상이기 때문에 워킹홀리데이 비자는 신청할 수는 없지만 장기간 독일에 체류하며 독일어를 배우길 원한다면 어학 비자를 신청할 수 있습니다.

인텐시브 독일어 수업

비자 목적 자체가 '독일어' 습득이기 때문에 독일어 학원을 등록하여 주당 18시간[37] 이상의 인텐시브 독일어 수업을 들어야 합니다. 저녁반이나 주말반은 일반적인 인텐시브 수업보다 수업 시간이 짧아서 여기에 속하지 않습니다.

어학원 등록은 길게 할수록 유리

독일어 습득을 목적으로 한 비자인 만큼 어학원 등록 기간이 매우 중요합니다. 베를린의 경우 비자청 방문 시점으로부터 최소 3개월 이상 수업이 남아 있는 어학원 등록증을 가지고 간다면 최대 1년까지 체류 가능한 어학 비자를 한 번에 발급해 주지만, 그 외 도시는 어학원을 등록한 기간만큼만 비자를 주는 경우가 많아서 1년 동안 3~4차례 비자청을 방문했다는 사례도 종종 접할 수 있습니다. 그래서 어학원은 24주 이상 장기로 등록하여 비자 신청 시 안정성을 높이고 장기 등록에 따른 수업료 할인 혜택을 받는 것이 좋습니다.

---

37) 독일의 수업 1시간은 실제로는 45분을 뜻합니다.

준비서류

- 여권: 여권 만료일이 예상 비자 발급기간 보다 길어야 함.

- 사진 1매: 좌우대칭. 배경은 흰색. 3.5*4.5cm 크기.

- 비자 신청서.

- 비자청 수수료(50~110EUR): 전자비자 여부에 따라 상이함.

- 거주지 신고 증명서.

- 슈페어콘토 확인증 또는 재정보증서: 최소 3개월 치 계좌 거래내역서 (Kontoauszug) 준비도 추천함.

- 어학원 등록증: 비자청 방문 시점 기준 최소 3개월 이상. 경우에 따라 어학원을 등록한 기간만큼 또는 남은 수업 기간의 2배 정도만 비자를 주기도 해서 남은 수업 기간이 길수록 유리함.

- 독일의료보험 계약서.

신청방법

독일 입국 후 최초 비자 신청·발급은 무비자 기간 90일 이내에 거주하는 도시 비자청에 방문하여 할 수 있습니다. 비자 신청자가 많이 몰리는 대도시의 경우 비자청 방문 일정을 온라인으로 미리 잡아야 합니다. 예를 들어 베를린의 경우 2~3개월 전 온라인으로 약속을 잡아야 하는데 이마저도 예약 가능한 날짜가 많지 않아 수 주~수 달간 매일 온라인 예약페이지에 접속하여 일정을 확인해야 합니다.

물론 비자 신청자가 많지 않은 중소도시의 경우 약속을 미리 잡지 않아도 당일 방문처리가 가능하기도 합니다.

어학 비자는 1년 이하의 단기 비자라서 보통 플라스틱카드 형태의 전자비자가 아니라 여권에 붙여 주는 스티커 비자로 발급됩니다.

노동허가

유학준비 비자, 학생 비자와 달리 어학 비자는 노동허가가 없습니다.

07 학생 비자

학생 비자 목차

신청조건 296
준비서류 297
신청방법 298
노동허가 298

학생비자는 대학으로 지원하여 입학허가서를 받은 후에 신청하는 비자이며, 독일어로는 Aufenthaltserlaubnis zum Studium이라고 합니다. 학생비자는 졸업을 위한 정규학기 기간만큼 즉, 학사는 보통 3년, 석사는 보통 2년을 한 번에 취득하기도 하지만, 상황에 따라 다를 수 있습니다.

대학 입학 전 어학 기간과 대학 입학 후 학업 기간을 모두 합쳐 독일에서 학업으로 체류할 수 있는 최대 기간은 10년입니다.
10년 이내에 다른 목적의 비자, 예를 들면 취업준비비자나 취업비자 등으로 비자 종류를 바꾸거나 출국해야 합니다.

워킹홀리데이를 제외한 대부분의 비자는 독일 입국 후 거주 중인 각 지역 비자청에서만 발행할 수 있습니다. 워킹홀리데이 비자는 주한 독일 대사관에서 신청할 수 있습니다.

신청조건

학사, 석사, 박사 과정에 정식으로 입학을 해야 학생 비자를 받을 수 있습니다. 대학 입학 전 어학 기간에는 원칙적으로 유학준비 비자로 체류해야 하며, 예외적으로 워킹홀리데이 비자나 어학 비자로 체류하기도 합니다.

학생 비자는 원칙적으로 대학이 소재한 도시의 비자청에서 받아야 하며, 예외적으로 통학이 가능한 근교 도시에 거주지 신고가 되어 있다면 타 도시에서 받을 수도 있습니다.

비자에 학교명, 학과명, 과정명 등이 기재되기 때문에 학교, 학과, 과정을 바꿀 경우 비자 역시 변경해야 합니다.

대학부설 어학원이나 슈투디엔콜렉 재학생들은 일반적으로 학생비자를 받을 수 없고, 유학준비비자를 받아야 합니다.

이미 독일에서 비자를 가지고 체류 중인 상태에서 대학에 입학할 경우 이전 비자 만료일과 상관없이 즉시 학생비자로 변경 신청해야 합니다.

준비서류

- 여권: 여권 만료일이 예상 비자 발급 기간보다 길어야 함.

- 사진 1매: 좌우대칭. 배경은 흰색. 3.5*4.5cm 크기.

- 비자 신청서.

- 비자청 수수료(60~110EUR): 전자비자 여부에 따라 다름.

- 거주지 신고 증명서.

- 슈페어콘토 확인증 또는 재정보증서
- 최소 3개월 치 계좌 거래내역서(Kontoauszug): 첫 비자 신청이 아니라 연장일 경우 필수서류임. 대신 상황에 따라 슈페어콘토나 재정보증서는 면제받을 수도 있음.

- 독일 의료보험 계약서: 공보험(예: TK, AOK, DAK, Barmer, IKK 등)을 가입해야 하는데, 만 30세 이상일 때 처음으로 학교에 입학한다면 공보험 가입이 불가능함. 이때는 사보험 가입 후 공보험 면제확인증과 사보험 증서를 함께 학교에 제출해야 함.

- 대학 입학허가서

신청방법

신청은 독일 입국 후 무비자 기간 90일 이내에 거주하는 도시에 있는 비자청에서 할 수 있습니다. 인구가 많은 대도시의 경우 비자청 방문일을 사전에 온라인으로 잡아야 하는 경우가 종종 있습니다. 베를린의 경우 2~3개월 전에 날짜를 잡아야 하며, 방문 가능 날짜가 많지 않아서 몇 달간 매일 예약페이지를 들락거려야 하는 경우가 허다합니다. 간단한 신상명세정보를 입력한 후 날짜를 선택하고, 마지막에 프린트를 합니다. 중소도시에서는 미리 방문날짜를 잡지 않고 서류가 준비되는 대로 모두 들고 시청 내 외국인관청을 찾아가면 됩니다. 두 경우 모두 상황에 따라 이메일로 비자 방문일정을 신청하고 서류를 보내야 할 수도 있습니다.

노동허가

일반적으로 풀타임으로 최대 120일, 파트타임으로 240일까지 일할 수 있습니다. 독일에서 일반적으로 풀타임은 1일 8시간, 파트타임은 4시간을 기준으로 합니다. 노동허가는 담당 직원에 따라 다르게 줄 수 있으므로 주의가 필요합니다.

08 동반 비자

동반 비자 목차

신청조건 300
준비서류 300
신청방법 302
사례 및 노동허가 302

독일어로는 Aufenthaltserlaubnis zum Familiennachzug 혹은 Aufenthaltserlaubnis für Ehepartner und Kinder라고 합니다. 그리고 베를린의 경우 동반 비자도 두 가지로 나누어서 업무를 보고 있습니다.

- Aufenthaltserlaubnis für Ehepartner und Kinder von Auszubildenden, Studierenden, Wissenschaftlern und Lehrern : 아우스빌둥, 학생, 연구원이나 교수로 독일에 체류 중인 사람의 배우자나 자녀를 위한 비자

- Aufenthaltserlaubnis für Ehepartner, Eltern und Kinder (allgemein): 상기한 독일 배우자, 비자 외에 취업이나 영주권 등을 가진 외국인의 동반자 혹은 독일 자녀를 둔 경우를 위한 비자

즉, 동반비자는 배우자나 자녀가 독일 국적이거나 독일 체류 허가를 받은 경우, 가족으로서 함께 살 수 있도록 신청할 수 있습니다.

신청조건

배우자나 자녀가 독일 국적을 가지고 있거나 한국 사람인 배우자나 자녀가 독일 체류 허가를 가졌다면 신청할 수 있습니다.
법적으로 배우자이거나 가족이어야 하며, 이를 증명할 수 있어야 합니다.

준비서류

비자 신청자뿐 아니라 비자 신청자의 배우자(배우자 비자일 경우) 혹은 부모(자녀 비자일 경우)도 동행해야 합니다. 혼인 관계 증명서와 출생 증명서는 주독 한국 대사관 및 영사관에서 독일어 번역공증 신청을 할 수 있습니다.

- 여권: 여권 만료일이 예상 비자 발급 기간보다 길어야 함.

- 사진 1매: 좌우대칭. 배경은 흰색. 3.5*4.5cm 크기.

- 비자 신청서.

- 비자청 수수료:
    - 베를린 성인 기준: 50~100유로 / 연장 시: 30~80유로
    - 베를린 자녀 기준: 25~55유로 / 연장 시: 15~40유로

- 혼인 관계 증명서: 연장 시에는 필요 없음.

- 미성년자일 경우 출생증명서: 한국에는 출생 증명서가 없기 때문에 기본 증명서+가족관계증명서로 대체합니다.

- 경우에 따라 비자 받을 자녀에 대한 양육권 증명서: 부부 중 한쪽만 독일에 거주하거나, 법적 부부가 아닌데 자녀가 있을 때

- 숙소 월세를 확인할 수 있는 숙소계약서: 독일 국적의 배우자, 부모 혹은 자녀는 첫 동반 비자 신청 시에는 제출할 필요가 없음.

- 의료보험 계약서: TK나 AOK와 같은 공보험, 사보험일 경우 비자청에 사전 확인 요망

- 비자를 이미 취득한 사람 혹은 독일 배우자의 가족 생계를 위한 재정보증.
    - 직장인일 경우: 근로계약서, 14일 이내에 작성된 고용 증명서, 6개월간의 급여 명세서
    - 학생일 경우: 6개월간의 은행 거래내역서 혹은 장학금을 받고 있다는 증명서, 슈페어콘토 혹은 그에 동등한 진술서나 수입을 보장할 수 있는 서류
    - 사업가일 경우: 세무사에게 발급받은 소득금액 증명서

- 비자를 받을 자녀가 학교에 다니는 경우 현재 학교의 등록증 (발급 14일 내)

- Intergrationskurs 등록증 (비자 연장 신청 시에 꼭 이 과정의 독일어 수업을 들어야 한다고 한 경우에만)
    - 독일에 대한 언어를 포함 문화나 상식 등을 배우는 과정

- 신청서

신청방법

신청은 독일 입국 후 무비자 기간 90일 이내에 거주하는 도시의 비자청에서 할 수 있습니다.

연구원 비자와 연구원 가족의 동반 비자는 한국에서 미리 신청 가능합니다.

만약 이미 다른 목적의 비자로 체류 중이라면 현재 비자의 만료 시점으로부터 최소 2개월 전에는 전환하시는 것이 좋습니다.

독일에서 비자를 신청할 때 인구가 많은 대도시의 경우 비자청 방문일을 사전에 온라인으로 잡아야 하는 경우가 종종 있습니다.

베를린의 경우 2~3개월 전에 날짜를 잡아야 하며, 방문 가능 날짜가 많지 않아서 몇 달간 매일 예약페이지를 들락거려야 하는 경우가 허다합니다.

베를린 비자예약 사이트는 아래와 같습니다. 간단한 신상명세정보를 기입한 후 날짜를 선택하고, 마지막에 프린트를 합니다.

https://www.berlin.de/einwanderung/termine/termin-vereinbaren

중소도시에서는 미리 방문날짜를 잡지 않고 서류가 준비되는 대로 모두 들고 시청 내 외국인관청을 찾아가면 됩니다.

사례 및 노동허가

동반 비자 신청순서 및 사례입니다. 개별 상황에는 맞지 않을 수 있으니 단순히 참고만 해 주세요.

- **사례 1**

남편이 독일 입국 전에 대학교에 입학하여 아내와 아이가 같이 바로 독일로 입국 하는 경우

→ 다 같이 대학 입학한 도시로 입국 → 남편은 학생비자 신청서류 준비하는

동시에 아내와 아이는 동반비자 신청서류 준비 → 같은 날 비자 신청 + 취득

• 사례 2

아내가 독일에 먼저 체류 하던 중 취업한 후 남편이 독일로 입국 하는 경우

→ 아내가 먼저 취업비자로 전환 → 남편은 독일 입국 후 동반비자 신청서류 준비 → 남편 비자 신청 + 취득

• 사례 3

유학준비 비자로 체류하던 부부에게 아기가 태어난 경우

→ 아기 동반비자 신청서류 준비 → 부부가 아기 비자를 신청 + 취득

• 사례 4

유학준비 비자로 같이 체류하던 부부 중 한쪽이 먼저 학생이 된 경우

→ 학생이 된 쪽이 학생비자로 전환 → 다른 한쪽은 동반비자 신청서류 준비 → 비자 신청 + 취득

• 사례 5

비자를 취득하여 체류하던 중 사귀게 된 독일 사람과 결혼한 경우

→ 체류 중이던 비자 기간이 남았더라도 동반 비자로 바로 전환. 체류 목적이 바뀌었다면 비자 기간이 많이 남았더라도 바로 전환해야 함.

동반 비자의 노동허가는 시기별, 직원별, 도시별로 상이할 수 있습니다.

09 취업 비자

취업 비자 목차

신청조건 305
준비서류 306
신청방법 307

취업 비자는 도시마다 구분이 다양하고, 이름도 다양한 편입니다. 일반적으로 취업 비자(Aufenthaltserlaubnis zur Beschäftigung)이라고 부르지만, 아래에서는 베를린의 전문인력 취업 비자 (Aufenthaltserlaubnis für Fachkräfte mit akademischer Ausbildung)를 기준으로 안내드리겠습니다.

취업 관련 비자는 보통 노동청에서 독일 내 회사에 반드시 필요한 업무인력인지를 먼저 심사하고 비자청에서 그 외 나머지 부분을 심사하는 방식으로 진행됩니다. 오랫동안 기계, IT 분야만이 독일인 우선고용 원칙으로부터 벗어나 있었지만, 최근 들어 모든 분야에서 독일인 우선 고용 원칙이 없어졌습니다. 즉, 회사에서 필요로 한다면 노동청에서도 독일인 실업자 수와 상관없이 비자를 내 줄 가능성이 높아졌다는 뜻입니다.

하지만 비자는 청구권이 없으며, 회사와 고용계약서를 작성했더라도 노동청 및 비자청에서 요구하는 다양한 서류와 요구를 충족해야 합니다. 관청 직원의 성향이나 개별 상황에 따라 요구하는 서류 및 조건, 소요시간 등이 매우 다양할 수 있습니다.

신청조건

- 독일 내 회사와의 고용계약서가 있어야 합니다.

- 노동청(Bundesagentur für Arbeit)의 동의가 있어야 합니다.

- 의학, 공학 등의 분야에서는 직업실습동의서 (Berufsausübungserlaubnis)가 있어야 합니다.

- 해외 대학을 졸업한 경우 아나빈 홈페이지에서 확인되는 공인된 대학이어야 합니다.

- 만 45세가 지났을 경우 연금(Altersversorgung)에 가입해야 합니다. 급여는 일반적인 연금보험의 연간 평가 한도의 최소 55%라야 합니다. 따라서 2022년 기준 월급은 세전 최소 3,878유로입니다.

준비서류

- 여권: 여권 만료일이 예상 비자 발급 기간보다 길어야 함.

- 사진 1매: 좌우대칭. 배경은 흰색. 3.5*4.5cm 크기.

- 비자 신청서: 첫 비자 신청 시에만.

- 고용계약서: 원본. 독일 내 고용이고 독일 내 사업장이라야 함.

- 학력 서류: 독일 대학 혹은 독일에서 공인되는(아나빈 홈페이지에 기재된) 해외 대학 혹은 ZAB에서 개별 인증된 해외 대학 졸업 및 성적증명서 원본.

- 고용 관계 확인서(Erklärung zum Beschäftigungsverhältnis)

- 직업실습동의서(Berufsausübungserlaubnis)

- 숙소 임대 혹은 매매 계약서.

- 월세 납입 증명서.

- 재직증명서: 연장 시에만. 14일 내 발급한 서류.

- 월급명세서: 동일 회사 재직 및 연장 시에만. 첫 2개월 치 및 최근 2개월 치.

- 의료 보험증서: 사진 부착된 카드, 최근에 발급된 증서. 사보험일 경우 계좌 거래 내역서.

- 거주지 신고 확인증, 숙소계약서 및 입주확인서

- 비자청 수수료: 22.8~110유로.

신청방법

　신청은 독일 입국 후 무비자 기간 90일 이내에 거주하는 도시의 비자청에서 할 수 있습니다.

　만약 이미 다른 목적의 비자로 체류 중이라면 현재 비자의 만료 시점으로부터 최소 2개월 전에는 전환하시는 것이 좋습니다.

　독일에서 비자를 신청할 때 인구가 많은 대도시의 경우 비자청 방문일을 사전에 온라인으로 잡아야 하는 경우가 종종 있습니다.

　베를린의 경우 2~3개월 전에 날짜를 잡아야 하며, 방문 가능 날짜가 많지 않아서 몇 달간 매일 예약페이지를 들락거려야 하는 경우가 허다합니다.

　베를린 비자예약 사이트는 아래와 같습니다. 간단한 신상명세정보를 기입한 후 날짜를 선택하고, 마지막에 프린트를 합니다.

　https://www.berlin.de/einwanderung/termine/termin-vereinbaren/

　중소도시에서는 미리 방문날짜를 잡지 않고 서류가 준비되는 대로 모두 들고 시청 내 비자 관련 부서를 찾아가면 됩니다.

10 자영업 혹은 프리랜서 비자

자영업 혹은 프리랜서 비자 목차

신청조건 309
준비서류 309
신청방법 311
영주권 312

자영업 비자는 독일어로 Aufenthaltserlaubnis zur selbstständigen이며, 프리랜서 비자는 Aufenthaltserlaubnis zur freiberuflichen Tätigkeit입니다. 아티스트 비자는 프리랜서 비자의 일종입니다.

특정 회사에 소속되어 일하는 경우는 프리랜서 비자가 아니라 취업 비자를 받아야 합니다.

신청조건

독일에서 자영업 혹은 프리랜서로 일할 의사가 있는 사람이라면 신청할 수 있으며, 취득 기간은 매번 조금씩 다릅니다.

추가 연장은 자영업 혹은 프리랜서로 독일에 거주하기에 충분한 수익을 창출하고 있다면 가능합니다.

신청하기 위한 추가적은 조건은 아래의 "2. 준비 서류"를 통해 확인이 가능합니다.

준비서류

- 여권: 여권 만료일이 예상 비자 발급 기간보다 길어야 함.

- 사진 1매: 좌우대칭. 배경은 흰색. 3.5*4.5cm 크기.

- 비자 신청서.

- 비자청 수수료 50~110유로.

- 거주지 신고 증명서.

- 회사 프로필: 프리랜서는 해당 사항 없음.

- 사업 계획서: 프리랜서는 해당 사항 없음.

- 경영 방향 및 컨셉: 프리랜서는 해당 사항 없음.

- 자본금 조달 계획서: 프리랜서는 해당 사항 없음.

- 재정 계획서: 정해진 양식은 없음.

- 이력서: 발전 가능성, 직무능력 증명서 등.

- 직업 허가서: 프리랜서일 경우, 예를 들면 변호사의 허가서 (Anwaltszulassung)

- 의료보험 계약서: 공보험(예: TK, AOK, DAK, Barmer, IKK 등)을 가입해야 하는데, 만 30세 이상일 때 처음으로 비자를 신청했다면 공보험 가입이 불가능함. 이때는 사보험 가입 후 공보험 면제확인증과 사보험 증서를 함께 학교에 제출해야 함.

- 숙소 계약서 혹은 부동산에 관한 증명 서류

- 만 45세가 지났을 경우 알맞은 연금을 가졌다는 증명 서류: 연금 보험이 사보험일 경우 만 67세가 되면 매달 연금이 최소 12년 동안 1,109.88유로가 보장되거나, 재산이 최소 158,823유로 이상인 것을 보증하여야 함, 현재 재산을 증명해도 됨

- 비자 신청서 (첫 비자 신청 시에만)

신청방법

처음 독일 입국한 후 바로 이 비자를 신청하는 경우라면 무비자 기간 90일 이내에 거주하는 도시에 비자청에서 할 수 있습니다.

다른 비자로 이미 독일에 체류하는 동안에는 가능하면 현재 체류 비자 기간이 많이 남아 있더라도 목적이 바뀌는 것이기 때문에 바로 비자를 전환하도록 하거나, 늦어도 현재 비자가 만료되기 2개월 전에는 신청하는 것이 좋습니다.

인구가 많은 대도시의 경우 비자청 방문일을 사전에 온라인으로 잡아야 하는 경우가 종종 있습니다.

베를린의 경우 2~3개월 전에 날짜를 잡아야 하며, 방문 가능 날짜가 많지 않아서 몇 달간 매일 예약페이지를 들락거려야 하는 경우가 허다합니다.

간단한 신상명세정보를 기입한 후 날짜를 선택하고, 마지막에 프린트를 합니다.

중소도시에서는 미리 방문날짜를 잡지 않고 서류가 준비되는 대로 모두 들고 시청 내 외국인관청을 찾아가면 됩니다.

영주권

- 자영업의 경우 3년간 성공적으로 사업을 확장하였고, 순이익만으로 본인 뿐 아니라 가족을 부양하기에 충분하다고 판단이 된다면 영주권을 신청, 취득할 수 있습니다.
  독일어로는 Niederlassungserlaubnis für Selbständige라고 합니다.

- 프리랜서의 경우 최소 4년 후에 영주권을 신청해 볼 수 있으며, 그간의 세금 내역서, 은행 거래 내역과 월급명세서 혹은 그와 비슷한 정기적인 수익을 증명할 수 있는 서류를 증명한다면 신청, 취득할 수 있습니다.
  독일어로는 Niederlassungserlaubnis für Freiberufliche라고 합니다.

- 두 영주권 모두 독일어 수준이 최소 B1 정도는 되어야 합니다.

- 만약 이제 한국에서 막 독일로의 정착을 계획, 준비하신다면 바로 자영업이나 프리랜서 비자를 신청하기보다는 워킹홀리데이나 어학연수 혹은 유학준비 비자로 먼저 독일 생활을 충분히 경험해보고 신청하시기를 추천합니다.
  독일에서 대학교나 대학원을 졸업한다면 취업준비 비자를 추가로 신청할 수 있으며, 최대 18개월을 취득할 수 있습니다.
  이 비자는 졸업 후 취업 활동을 원활히 할 수 있도록 기회를 주는 기간이라고 할 수 있습니다.

- 비자는 신청 시 청구권은 주어지지 않으며, 어떤 경우에는 발급되지 않을 수도 있다는 점을 항상 염두에 두세요.

11 취업준비 비자

취업준비 비자 목차

신청조건 314
준비서류 315
신청방법 317
노동허가 317

취업준비 비자는 두 가지가 있는데, 하나는 독일에서 대학을 졸업하고 신청하는 것, 다른 하나는 모국에서 대학을 졸업하고 신청하는 것입니다.

독일에서 학업을 마치고 취업을 준비하기 위해 신청하는 비자의 독일 명칭은 Aufenthaltserlaubnis zur Arbeitsplatzsuche nach erfolgreichem Abschluss des Studiums라고 하며, 모국 학력으로 구직활동을 하기 위해 신청하는 비자의 독일 명칭은 Aufenthaltserlaubnis zur Arbeitsplatzsuche für qualifizierte Fachkräfte라고 합니다.

아래에서는 위 두 가지 비자의 차이점과 신청 방법에 대해서 안내하도록 하겠습니다.

신청조건

독일에서 대학 졸업 후

독일에서 학업을 마쳤다면 누구나 신청할 수 있습니다. 체류 목적은 공부한 분야에서 취업 혹은 창업을 준비하는 것이며, 최대 18개월까지 받을 수 있습니다.

독일 외 국가에서 대학 졸업 후

독일 외 국가에서 학위를 취득한 경우에는 관련 전문직으로 독일 내에서 구직활동을 할 수 있도록 체류 허가를 받을 수 있으며, 최대 6개월까지 받을 수 있습니다.

이 비자는 취업 관련 비자 외 다른 목적의 비자로 전환이 어렵습니다.

따라서 독일에서 처음으로 비자를 신청하는 경우에는 대부분 취업준비를 위한 목적이라 하더라도 기간이 더 긴 워킹홀리데이 비자, 어학 비자, 유학준비 비자 등을 받는 편입니다.

준비서류

독일에서 대학 졸업 후

- 여권: 여권 만료일이 예상 비자 발급 기간보다 길어야 함.

- 사진 1매: 좌우대칭. 배경은 흰색. 3.5*4.5cm 크기.

- 비자 신청서.

- 비자청 수수료: 40~90유로.

- 거주지 신고 증명서.

- 독일 대학 학사 혹은 석사 졸업 증명서.

- 재정을 증명할 수 있는 은행 계좌 거래 내역서: 월급 명세서 혹은 계좌 잔고를 확인할 수 있는 거래 내역서(Kontoauszug) 등.

- 의료보험 증서.

- 구직 중이라는 것을 증명할 수 있을 만한 서류: 정해진 양식은 없음.

- 창업 중이라는 것을 증명할 수 있을 만한 서류: 정해진 양식은 없음.

- 창업 아이디어와 그것을 뒷받침할 재정증명서.

- 이미 취업했다면 그 업체의 취업제안서: 있을 경우.

- 위 취업제안서를 위한 노동허가신청서: 있을 경우.

- 위 회사에서 하게 될 본인의 업무 및 직위: 있을 경우.

독일 외 국가에서 대학 졸업 후

- 여권: 여권 만료일이 예상 비자 발급 기간보다 길어야 함.

- 사진 1매: 좌우대칭. 배경은 흰색. 3.5*4.5cm 크기.

- 비자 신청서.

- 비자청 수수료: 50유로.

- 거주지 신고 증명서

- 모국 대학 학사 혹은 석사 졸업 영문 증명서 원본과 사본

- 재정을 증명할 수 있는 은행 계좌 거래 내역서(Kontoauszug)

- 의료보험 증서

신청방법

신청은 독일 입국 후 무비자 기간 90일 이내에 거주하는 도시에 비자청에서 할 수 있습니다.

인구가 많은 대도시의 경우 비자청 방문일을 사전에 온라인으로 잡아야 하는 경우가 종종 있습니다.

베를린의 경우 2~3개월 전에 날짜를 잡아야 하며, 방문 가능 날짜가 많지 않아서 몇 달간 매일 예약페이지를 들락거려야 하는 경우가 허다합니다.

간단한 신상명세정보를 입력한 후 날짜를 선택하고, 마지막에 프린트를 합니다.

중소도시에서는 미리 방문날짜를 잡지 않고 서류가 준비되는 대로 모두 들고 시청 내 외국인관청을 찾아가면 됩니다.

노동허가

비자는 신청 시 청구권이 주어지지 않으며, 어떤 경우에는 발급되지 않을 수도 있다는 점을 항상 염두에 두어야 합니다.

독일에서 대학 졸업 후 받는 취업준비 비자에는 자유로운 노동허가가 주어지며, 창업을 준비하기 위한 활동도 자유롭게 허가됩니다.

취업을 준비하는 동안에 여러 업종의 일을 경험해 볼 수는 있지만, 원칙적으로는 학업과 관련이 있거나 유사한 업종이어야 하며 추후 취업비자로 전환 시 학업과 전혀 다른 직업일 경우 문제가 될 수도 있으니 참고하시기 바랍니다.

독일 외 국가에서 대학 졸업 후 받는 취업준비 비자에는 어떠한 노동도 허가되지 않으며, 이미 독일에서 다른 목적의 비자를 취득해서 체류 중에는 신청할 수 없습니다.

12 인턴십 비자

인턴십 비자 목차

신청조건 319
준비서류 319
신청방법 320

한 회사에 짧게는 3개월~ 1년 정도 임시로 고용되어 그 회사의 기본적인 직무를 수행하며 경험을 쌓는 인턴십을 독일어로 프락티쿰(Praktikum)이라고 하며, 비자는 Aufenthaltserlaubnis zur Aufnahme eines Praktikums라고 합니다.

직업교육(Ausbildung)과의 차이는 직업교육이 주당 1~2회 정도 직업학교에서 이론 공부를 해야 하고 과정을 끝내면 전문가로 인정이 되는 것과 달리 프락티쿰은 회사 업무만 보면 되고 과정이 끝나더라도 전문가로 인정되지 않는다는 점입니다.

신청조건

회사와 인턴십 계약을 맺을 경우 신청 가능합니다.

준비서류

- 여권: 여권 만료일이 예상 비자 발급 기간보다 길어야 함.

- 사진 1매: 좌우대칭. 배경은 흰색. 3.5*4.5cm 크기.

- 비자 신청서.

- 비자청 수수료: 50~100유로.

- 거주지 신고 증명서.

- 은행 계좌 거래 내역서: 독일어로 Kontoauszug이라고 하며, 월평균 입금액 및 잔액이 600유로 이상인 것이 안전함.

- 프락티쿰 계약서

- 비자 신청서

- 직무 설명서

- 의료보험 증서
  - 독일 공보험(예 : TK, AOK, IKK 등)을 가입해야 하는데, 만 30세 이상일 경우 공보험 가입이 불가능한 경우가 많음. 이때는 사보험을 가입하여 제출 할 수는 있지만, 보험 혜택을 볼 수 있는 약관을 지참해야 할 수도 있음

- 재정증명: 무보수 프락티쿰일 경우 본인의 재정을 증명할 서류 (예: 잔고 증명서, 슈페어콘토 등)

신청방법

베를린 비자청 방문날짜는 아래 링크를 클릭하면 잡을 수 있습니다. 간단한 신상명세정보를 입력한 후 날짜를 선택하고, 마지막에 프린트를 합니다.

https://otv.verwalt-berlin.de/ams/TerminBuchen/wizardng?dswid=4089&dsrid=281&sprachauswahl=de

일정이 특히 많이 밀려 있을 때는 메일로 방문 예약을 하기도 합니다.

중소도시에서는 미리 방문날짜를 잡지 않고 서류가 준비되는 대로 모두 들고 시청 내 외국인관청을 찾아가면 됩니다.

13 독일에서 비자 연장하기

영주권을 제외한 모든 비자는 기간이 제한되어 있으므로 때가 되면 연장을 해야 합니다. 본 장에서는 연장을 위한 준비 시기와 주의 사항 등을 다루어 보겠습니다.

비자 연장 가능 여부

현재 취득한 비자의 목적에 맞는 활동을 계속 하고 있고 독일 체류에 문제가 되는 불법적인 행동을 하지 않았다면 가능하다고 볼 수 있습니다. 단, 비자의 종류에 따라 최대 체류 기간이 정해져 있는 경우가 있으며, 이때는 같은 목적으로는 연장이 불가능합니다.

예를 들어 유학준비비자 최대 2년: 이미 2년 취득 했다면 같은 목적으로 연장 혹은 재신청이 불가능합니다.

비자 연장과 변경은 그 의미가 다릅니다. 비자 연장은 현재 체류 중인 비자가 거의 만료 되었고 같은 목적으로 계속 체류를 해야 하는 경우고, 변경은 체류 목적이 아예 바뀌는 것을 의미합니다. (예: 유학준비→학생) 즉, 변경은 현재 비자의 기간과는 상관없이 목적이 바뀌는 것이기 때문에 최대한 빨리 변경 신청을 해야 합니다.

연장준비 시점

보통은 비자가 만료 되기 약 2개월 전부터 연장을 준비하는 편인데요. 대도시는 비자청 방문을 위한 일정을 잡기가 힘드므로 1개월 정도 더 일찍 준비하셔도 좋습니다.

　보통 비자를 연장하면 현재 비자가 끝나는 날부터가 아닌 신청하러 간 날부터 연장이 됩니다. 예를 들어 비자 만료일이 8월 30일이고 비자 연장 신청일이 7월 27일이면 연장한 비자의 시작일도 7월 27일 됩니다.

　비자 날짜는 하루도 아쉽기 때문에 최대한 만료일에 가까운 날짜에 비자 연장 신청을 한다면 좋겠지만, 혹시라도 추가 서류가 생긴다든지 해서 비자청을 재방문 해야 하거나, 비자가 기각이 되어 귀국을 해야 하는 등의 여러 가지 변수들이 있기 때문에 최대한 시간 여유를 두고 비자를 신청하는 것이 좋습니다.

　대기자들이 많아서 비자가 만료되기 전에 비자청 방문을 하지 못하고 방문 일정만 잡아 두더라도 문제가 되지는 않습니다.

　다만 도시별로 예외가 있을 수 있고, 비자만료일로부터 실제 비자연장이 완료되는 시점까지는 해외 출국이 불가능하므로 주의해야 합니다.

준비 서류

처음 신청했을 때와 크게 다르지 않습니다.
　단, 비자 연장이기 때문에 현재 비자의 취지에 맞게 잘 생활하고 있다는 것을 보여줄 수 있는 서류를 준비하시는 것이 좋습니다.

1. 유학준비비자

   1) 독일어를 1년 동안 꾸준히 배웠다는 증명
   - B2 이상의 수료증 혹은 Test DaF나 DSH 같은 시험 합격증)
   - 1년 동안 열심히 독일어를 했다는 증거자료가 있으면 좋습니다. 충분한 의사 소통도 가능해야 합니다.
   2) 재정증명
   - 경우에 따라 그 간의 통장 거래 내역 및 잔고로 인정을 해주는 경우도 있지만, 원칙적으로는 슈페어콘토가 개설 되어 있어야 합니다.

3) 학력서류
   - 고등학교 성적, 졸업, 수능성적증명서 경우에 따라 대학교 성적, 졸업(재학)
     증명서(모두 영문원본)
   4) 그 외 거주지 신고서, 의료보험증서, 여권, 증명사진과 비자 신청서

2. 학생비자

   1) 재학증명서(Immatrikulationsbescheinigung)
   2) 재정증명: 상기한 1. 유학준비비자와 동일
   3) 그 외 거주지 신고서, 의료보험증서, 여권, 증명사진과 비자 신청서

14 임시 비자

임시비자는 무엇인지, 어떤 때에 받을 수 있는지를 알아보도록 하겠습니다.

임시비자란?

독일어로는 Fiktionsbescheinigung이며, 당장 독일에서 체류할 비자 기간은 얼마 남지 않았지만, 그렇다고 바로 연장을 하거나 변경을 해야 할 목적의 비자가 모호한 경우에 다만 몇 개월이라도 더 체류할 수 있도록 허가를 받는 것이라고 볼 수 있습니다.

모든 비자는 신청인에게 청구권이 주어지지 않지만, 특히 임시 비자는 비자를 발급하는 직원의 결정에 따라 달라서 신청을 한다고 해서 항상 받을 수 있는 것은 아니라는 점을 반드시 염두에 두고 이 비자를 신청해야 할 필요가 없도록 사전에 준비를 잘 하는 것이 좋습니다.

대상

이 비자는 다른 종류의 비자들처럼 미리 예약하고 갈 수가 없습니다.
언제 이 비자를 신청할 수 있을지 신청하고 싶을 때 어떻게 해야 하는지는 아래 사례를 토대로 짚어보도록 하겠습니다.

- 사례 1)
  무비자(최대 90일)로 독일에 입국한 지 벌써 80일이 지났는데 비자 신청을 위한 서류 준비가 끝나려면 아직 한참 멀었을 경우
  - 베를린의 경우 항상 비자청 일정 예약이 빨리 마감되는 편이며 대부분은

일정을 확인하는 시점으로부터 약 한달 가량 뒤에나 방문 일정 예약이 가능한 편입니다. 그래서 무비자 기간 내에만 방문 일정을 잡았다면 실제 비자청을 방문하는 일정이 무비자 기간이 지난 시점이여도 독일 체류에 문제가 되지 않기 때문에 미리 방문 일정을 잡아 두는 것이 좋습니다.

- 하지만, 다른 도시 혹은 베를린이더라도 일정이 잡힌 한달 내로도 준비 기간이 부족하다고 판단 될 경우에는 일단 준비된 서류만 지참하여 비자청을 방문해보는 것이 좋습니다.

그럼 추가로 서류를 준비 할 수 있도록 임시 비자를 발급 해 주는 경우가 있습니다.

• 사례 2)

유학준비비자를 신청했는데 학력인증평가(VPD)를 받아서 제출해야 하는 경우

- 유학준비비자는 독일 대학을 지원할 수 있는 자격조건(HZB)에 충족이 되어야 하는데, 비자청 직원이 내가 제출한 서류로는 판단이 불가능하니 학력인증평가를 받아서 제출하라고 하는 경우가 있습니다.

학력인증평가서를 받아서 제출하려면 기본 4주 이상이 소요되는데, 이 기간보다 현재 내 비자 기간이 짧을 경우 임시 비자를 발급해주는 경우가 있습니다.

• 사례 3)

유학준비비자가 8월에 만료되는데 대학교 결과가 9월 말에 나올 경우

- 유학준비비자는 최대 체류 기간인 2년이 8월이면 만료 되는데 그로부터 약 한달 뒤에나 지원해 둔 대학교에서 입학 결과가 나온다면 대학교를 지원했다는 증명이 되는 신청서나 그 간 유학준비비자 기간동안 꾸준히 노력을 했다는 어필을 할 경우 결과가 나올 때까지는 독일에 체류가 가능하도록 임시 비자를 발급해 주는 경우가 있습니다.

단, 이때는 비자청에서 일단 그럼 한국 귀국 후 입학허가서 나오면 그때 다시 독일 입국하여 학생비자를 신청하라고 하는 경우도 많습니다.

기간

매번 상황에 따라 조금씩 다르지만, 짧게는 1개월부터 길게는 3개월가량을 받는 편입니다.

드물게 4개월이나 5개월을 받았다는 사례도 있지만, 보통은 3개월을 받는 편입니다.

연장의 경우... 이미 임시비자를 한번 받았다는 건 마지막 기회를 준 것이라고 볼 수도 있기 때문에 같은 이유로의 연장은 불가능하다고 볼 수 있습니다.

단, 비자를 주는 직원도 사람인지라 임시 비자를 한번 더 연장을 해야 하는 상황이 충분히 이해가 가는 경우가 있다면 예외의 경우가 있을 수도 있습니다.

수수료

도시마다 상이 할 수 있으나 보통은 1회 20유로의 수수료를 비자청에 지불해야 합니다.

부록

제이클래식 소개

제이클래식은 독일 현지에서 20년 가까운 시간 동안 각 행정처·관계기관의 기본 법률 및 규정과 독일 현지 최근 동향·분위기 등을 바탕으로 독일 유학생들의 안정적인 독일 정착을 지원하고 있습니다.

제이클래식 홈페이지(jklassik.co.kr)를 통해 400여 개 대학 12,000개 이상의 전공 정보, 300여 개 이상의 필수 유학 정보를 확인할 수 있으며 독일 전 지역에 있는 70여 개 어학원 정보를 확인하실 수 있습니다.

제이클래식에서 제공하는 서비스는 단순 패키지 형식이 아닙니다.

본인에게 필요한 서비스만 신청할 수 있어서 최소한의 비용으로 효과적인 유학 서비스 진행이 가능합니다.

제이클래식 유료회원으로 가입 시 유료회원 기간동안 독일유학과 관련된 각종 정보를 무제한으로 열람 가능하며 제이클래식에서 제공하는 기본 서비스를 무료로 받으실 수 있습니다.

어학원 및 어학원 숙소 신청 대행

제이클래식은 독일 전 지역 70여 개 이상 어학원과 제휴하고 있으며 어학원 등록을 무료로 대행하고 독일 현지에 케어해 드립니다.

제이클래식을 통해 등록할 경우 어학원 수업료는 직접 등록하시는 것보다 저렴하거나 같습니다.

만약 제이클래식을 통해 본인이 직접 등록하는 것보다 비싼 금액으로 등록한 것이 확인되면 비싸게 등록한 차액은 100% 환불해 드립니다.

어학원 상담 시 어학원 마케팅 자료나 홍보 문구를 그대로 전달하지 않습니다.

제이클래식을 통해 해당 어학원을 등록하고 수강했던 학생분들의 직접적인 피드백을 바탕으로 어학원의 장·단점을 분석하고 최근에 분위기 등을 참고하여 어학원을 추천해 드리고 상담해 드립니다.

숙소신청

제이클래식에서 제공하는 숙소는 책상, 침대, 옷장 등의 생활에 꼭 필요한 가구와 전기세, 수도세, 난방비가 모두 포함된 형태에 일반 독일인들이 사는 아파트로 쯔비셴미테, 민박 등의 임시 숙소나 학생기숙사와는 다릅니다.

현재는 제이클래식 본사가 위치한 베를린에서만 서비스를 제공하고 있으며 입주자의 이름으로 계약하기 때문에 거주지 신고(Anmeldung)도 물론 가능합니다.

독일에 일반적인 숙소는 숙소 계약 완료 후 입주 시 전기, 가스 등을 본인의 명의로 직접 계약해야 하고, 모든 가구와 설비, 기구들을 다시 구입, 설치해야 합니다. 말 그대로 흰 벽 빼고는 아무것도 없습니다. 독일에 이제 막 도착한 유학생이 이런 숙소를 찾아서 계약하는 것도 불가능할뿐더러 운이 좋아 계약한다고 하더라도 독일어를 못한다면 이후에도 신경 써야 할 부분이 한두 개가 아닙니다.

픽업

베를린 도착 후 도착지에서 입주하는 숙소까지 모셔 가는 서비스입니다.

제이클래식 직원이 도착지에서부터 동행하여 입주할 숙소까지 일반 승용차로 모시기 때문에 택시나 대중교통 수단을 이용한 타 유학원, 어학원의 픽업 서비스와는 다릅니다.

공항이나 기차역에서 호텔이나 민박 등으로 입주 시, 또는 임시 숙소에서 제이클래식에서 제공하는 숙소로도 픽업 서비스 진행이 가능하며 제이클래식에서 제공하는 숙소로 입주하실 경우 해당 숙소와 관련된 시설물 및 주의사항 등을 현장에서 안내해 드립니다.

거주지신고 대행

거주지 신고는 독일 입국 시, 혹은 독일 내에서 이사하였을 때 해당 사실을 관청에 신고하는 것으로 잠시 여행차 독일에 방문했고 2달 미만으로 체류할 예정이라면 하지 않아도 되지만 그 이상 체류 예정이라면 14일 이내에 반드시 해야 합니다.
　제이클래식에서 제공하는 거주지신고 대행 서비스를 받으시면
　거주지 신고를 위한 서류를 직접 작성하거나 방문약속(Termin)을 잡기 위해 애쓰지 않아도 됩니다.
　회원님께서 직접 시청에 방문하시지 않아도 제이클래식에서 이 모든 것들을 대행해 드리며 거주지신고 완료 후 제이클래식이 시청으로부터 받아 놓은 완료증을 찾아가기만 하시면 됩니다.
　14일 이내에 해야 한다는 규정도 규정이지만 독일에 처음 온 외국인으로서 현 주소지를 정식적으로 등록했다는 거주지 등록증이 있어야만 독일 은행 계좌를 만들거나 학생증, 비자를 신청하는 등 공식적으로 독일에 거주하는 거주자로서 권한과 책임을 갖게 됩니다.

은행 계좌개설 동행

제이클래식에서 제공하는 은행 계좌개설 동행 서비스 신청 시 회원님께서 은행에 별도의 방문 예약을 잡으실 필요가 없습니다. 회원님의 상황에 맞추어 가장 빠른 시일에 베를린 도이체방크(Deutsche Bank) 본점에서 제이클래식

담당 직원과 계좌개설을 하실 수 있도록 예약을 잡아 드리며 방문일과 필요서류 등을 게시글로 안내해 드립니다.

계좌 개설일에는 제이클래식 직원이 직접 동행하여 회원님의 계좌개설을 도와드리며 계좌개설 후 수령하는 우편물 안내, 계좌사용법, 주의사항과 같이 계좌개설과 관련된 직접적인 사항들에서부터 슈페어콘토 개설, 한국으로부터 송금 받는 법, 인터넷/스마트폰 요금제 신청과 같은 각종 계약 진행을 위한 신용등급 상향 조정 방법까지 상세하게 안내해 드립니다.

보험신청 대행

독일 체류를 위한 비자 신청/발급을 위해서는 독일 체류 허가 기준 에 부합하는 의료보험을 반드시 가입해야 합니다.

제이클래식을 통해 독일 체류 목적이나 발급을 희망하는 비자 종류에 따른 독일 현지 보험들을 안내받으실 수 있으며 워킹홀리데이 비자 신청이 가능한 국내 모든 보험 상품 과 독일 현지 보험을 상담받으실 수 있습니다.

비자신청 (연장) 동행/대행

제이클래식 비자 신청(연장) 동행서비스 신청 시 회원님께서 비자청 방문을 위한 약속(Termin)을 잡으실 필요가 없습니다.

회원님의 현재 상황과 준비된 서류 및 이후 일정을 고려하여 비자청 방문 일정을 대신 잡아 드리며 필요서류와 주의사항 등을 안내해 드리고 비자신청 서류를 작성, 제출서류를 검토해 드립니다.

비자 신청일 당일에는 제이클래식 직원이 직접 동행하여 현장 통역과 함께 비자 신청을 도와드립니다.

해당 서비스가 비자 취득을 보장하는 것은 아닙니다.

인터넷, 휴대폰 유심(약정/프리페이드) 신청

독일은 한국과 달리 무료 와이파이를 쓸 수 있는 곳이 많지 않습니다.

제이클래식을 통해 독일 입국 후 즉시 사용할 수 있는 프리페이드 유심에서부터 숙소 인터넷 신청, 데이터 통신과 EU 국가 무제한 로밍을 지원하는 스마트폰 요금제에 이르기까지 신청할 수 있으며 통신사별 다양한 요금제와 혜택을 안내받으실 수 있습니다.

계약심카드 뿐 아니라 모든 기종의 스마트폰 구입도 가능합니다.

원서접수 대행

제이클래식은 20년 가까이 현지에서 원서접수 대행 서비스를 제공하며 쌓인 정보와 노하우를 통해 한국-독일 어디에서든 가장 안전하고 편리한 원서 서비스를 제공합니다.

해당 서비스를 통해 지원을 희망하는 학교별 원서 접수 시기와 어학 요구 수준 등을 안내해 드리며 원서서비스 신청서에 작성한 내용을 바탕으로 이력서를 무료로 작성해 드립니다.

원서접수 후에는 시험 초대장 안내나, 학교로부터 받는 추가 서류 제출 요청, 시험 일자 변경 등의 모든 연락을 한국어로 번역하여 안내해 드립니다.

추천사이트

관공서

주독한국대사관 https://overseas.mofa.go.kr/de-ko/index.do
주한독일대사관 https://seoul.diplo.de/kr-ko
베를린 비자청 https://www.berlin.de/einwanderung/

독일어

· 사이트

- 도이체벨레 https://www.dw.com/
- 도이칠란트룬트풍크 https://www.deutschlandfunk.de/wissen-106.html
- 도이치트레이닝 https://deutschtraining.org/
- 슬로우저먼 https://slowgerman.com/
- 이지저먼 https://www.youtube.com/channel/UCbxb2fqe9oNgglAoYqsYOtQ

· 모바일 무료 어플

- Einstieg Deutsch
- Deutsch Übungen Grammatik (구글앱스토어:Learn German DeutschAkademie)
- Ankommen
- Deutschtrainer A1
- Lern Deutsch
- Verschiedene Apps vom Goethe-Institut e.V.
- Ein Tag Deutsch in der Pflege
- DW Learn German - A1, A2, B1 und Einstufungstest

- Learn German, Speak German
- JW Language
- Nemo Deutsch

대학입시

- 아나빈 https://anabin.kmk.org/anabin.html
- 우니어시스트 https://www.uni-assist.de/
- 독일학술교류처 https://www.daad.de/de/
- 호흐슐콤파스 https://www.hochschulkompass.de/de
- 호흐슐슈타트 https://hochschulstart.de/
- 스투디스온라인 https://www.studis-online.de/
- 제이클래식 https://jklassik.co.kr/

커뮤니티

- 베를린리포트 http://www.berlinreport.com/
- 독일유학네트워크 https://www.facebook.com/groups/507228512628183/?fref=nf
- 아우스빌둥고 https://www.facebook.com/groups/ausbildunggo

장학금

장학금 현황을 쉽게 알아볼 수 있는 사이트를 소개해 드립니다.
이외에도 대부분 대학들의 홈페이지에서 장학금 관련정보를 보실 수 있습니다.

1. DAAD 서울 사무소 장학금 정보(한글)

https://www.daad.or.kr/ko/search-scholarshipprogramm/info-for-scholarship-candidates/

2. DAAD 장학금 검색페이지(영어)

https://www2.daad.de/deutschland/stipendium/datenbank/en/21148-scholarship-database/?status=&origin=&subjectGrps=&daad=&q=&page=1&back=1

3. 독일경제기술부 장학금 검색페이지(독어)

https://www.foerderdatenbank.de/FDB/DE/Home/home.html

4. 아헨공대 장학금 소개페이지(영어)

https://www.rwth-aachen.de/cms/root/Wirtschaft/Fundraising/Bildungsfonds/~emd/Infs-fuer-Bewerberinnen-und-Bewerber/lidx/1/

5. 베를린 자유대 장학금 소개페이지(영어)

https://www.fu-berlin.de/en/_search/index.html

6. 국립국제교육원 국비유학생 지원안내

https://www.studyinkorea.go.kr/ko/scholarship/Gks4Native1.do

독일 현지 유학원이 알려주는

독일유학 가이드북 1. 입시편

초판 1쇄	인쇄	2024년 01월 23일
초판 1쇄	발행	2024년 02월 09일

지은이　　제이클래식

디자인　　채하림
펴낸이　　김지홍
펴낸곳　　도서출판 북트리
주소　　　서울시 금천구 서부샛길 606 30층
등록　　　2016년 10월 24일 제2016-000071호
전화　　　0505-300-3158 | 팩스 0303-3445-3158
이메일　　booktree11@naver.com
홈페이지　http://blog.naver.com/booktree77

값　　　　27,000원
ISBN　　 979-11-6467-154-0 （13370）

• 이 책은 저작권법에 따라 보호를 받는 저작물이므로 무단전재 및 복제를 금지합니다.
• 이 책 내용의 전부 및 일부를 이용하려면 저작권자와 도서출판 북트리의 서면동의를 받아야 합니다.
• 잘못된 책은 구입하신 서점에서 바꾸어 드립니다.